危機管理レビュー Vol.6 の発刊にあたって

　このたび当一般財団法人日本防火・危機管理促進協会は、危機管理レビューVol.6を発刊することとなりました。今号は「地方自治体の危機管理－住民・議会・行政の観点から－」と題し、地方自治体の抱える防災・危機管理政策上の課題について、住民と議会、そして自治体行政に焦点を当てながら検討しております。

　まず、第1章では中邨 章 明治大学名誉教授が災害時の地方議会または議員の役割について検討しています。災害時の議会や議員の役割は、これまでほとんど議論されることのなかった問題です。中邨教授は、この問題をアンケート調査等の研究成果をもとに検討し、災害時に「議会人」の果たすべき役割についての展望を示します。

　第2章では視点が自治体行政に移ります。災害時の自治体行政の体制や業務は、地域防災計画に定められています。多くの地方自治体が、東日本大震災後、地域防災計画の見直しを進めていますが、この章では飯塚 智規 公益財団法人たばこ総合研究センター 研究員が、こうした見直しの特徴について検討していきます。検討を踏まえ、今後、各自治体が念頭に置くべき地域防災計画上の課題が提示されます。

　第3章では視点が住民に移ります。この章で、中森 広道 日本大学文理学部教授は、避難中の人々の「パニック」と呼ばれる特殊な心理状況に焦点を当てます。豪雨災害などで避難勧告・指示の発令を躊躇する理由に、「住民がパニックを起こすのを恐れた」といった声がしばしば聞かれます。本当にパニックが起こるのかどうかはともかく、パニックをどう捉えるかという問題は、避難勧告・指示に関する地方自治体の判断を規定する一因にもなるのです。本章では、こうした「パニック」について検討されます。

　最後に、第4章で再び視点は行政に移ります。この章で西村 弥 明治大学政治経済学部講師が焦点を当てるのが、地方自治体間の間にある防災政策上の「多様性」あるいは「格差」の問題です。第4章では、こうした「多様性」や「格差」が大規模災害時に起こしうる課題が検討されます。検討を踏まえつつ、こうした課題を解消する方策として、自治体間の連携のあり方が示されます。

　地方自治体の危機管理政策のあり方を考える上で、幅広い視点が求められることは言うまでもありません。本書がそうした視点を身に付ける一助となれば、誠に幸甚です。

一般財団法人日本防火・危機管理促進協会
2015年3月

目次

第1章　自治体の危機管理－地方議会人の役割と行政責任－ 1

はじめに 2

1．自助意識の不足と公助依存 3

（1）自助と共助のねじれ 3

（2）自助不足と地方議員への期待 5

2．行政と行政職員の危機対応 5

（1）混乱の中の法と秩序 5

（2）自治体への信頼と社会政策 7

（3）法治と公平原則の欠点 8

（4）危機に強い行政職員の養成 9

（5）自治体行政と危機管理－小括 10

3．地方議員と危機管理 11

（1）政治と災害対応 11

（2）地方議会独自の取り組み 12

（3）業務継続計画（BCP）と議会 13

（4）地方議員の認知度と役割 14

おわりに 18

第2章　3.11以後の地域防災計画 23

－地域防災計画の実用的な運用を求めて－ 23

1．はじめに 24

2．災害法制と地域防災計画 25

災害法制と防災事業 25

3．3.11以後の地域防災計画の修正状況 27

3．1．3.11直後の地域防災計画の修正状況 27

3．2．2011年度、2012年度の地域防災計画の修正状況 29

4．災害対策の標準化と個別化 32

4．1．災害対策の標準化 32

4．2．災害対策の個別化 35

5．これからの地域防災計画 37

5．1．災害法制から見る地域防災計画の課題 37

5．2．地域防災計画の改正状況から見る地域防災計画の課題 37

5．3．災害対策の標準化・個別化から見る地域防災計画の課題 38

i

５．４．地域防災計画の運用：RG-PDCA サイクルに基づいた見直しを 39

６．終わりに 40

第3章　災害における人々の避難とその特性 45

１．はじめに 46

２．パニック 46

２．１．「パニック」への不安 46

２．２．「パニック」の定義 46

２．３．日本における「パニック」の広がり 49

２．４．「東海地震説」と「余震情報パニック」 50

２．５．「パニック・イメージ」と「パニック神話」 53

３．災害情報と避難－望ましくない対応をする理由とその特性－ 55

３．１．正常化の偏見 55

３．２．警報慣れ 55

３．３．災害文化（災害下位文化）の非適応的機能と「安全神話」 56

３．４．過去の災害経験の影響と「経験の逆機能」 57

３．５．「いざとなったら２階へ」－屋内避難意識－ 58

３．６．理解困難・誤解 58

３．７．予想外の現象の発生 59

３．８．避難未達成状況での発災 59

３．９．災害時要援護者（災害弱者）への対応 60

３．１０．情報の詳細化による混乱と情報の大量化 60

３．１１．職務・仕事による避難の遅れ 61

４．おわりに 61

第4章　防災政策における自治体間の「格差」と「連携」に関する考察 65

１．はじめに 66

２．災害対策基本法と防災体制 66

２．１．国の防災・危機管理体制 66

２．２．自治体の防災・危機管理体制 67

３．防災・危機管理上の課題 68

３．１．自治体のもつ「多様性」 68

３．２．巨大災害にいかに対応するか 71

３．３．複合災害にいかに対応するか 73

４．災害対応における二つの連携 74

４．１．対応のポイント 74

４．２．近隣自治体間の連携 75
　４．３．遠隔地の自治体等との連携 76
５．むすびにかえて 77

1 自治体の危機管理
－地方議会人の役割と行政責任－

明治大学　名誉教授　中邨　章

はじめに

久しく安心や安全は、「フダ」にはならないと考えられてきた。そのため、危機管理に関心を寄せる地方議員はほとんどいなかった。加えて、首長をリーダーとする行政部は、議員が危機管理にかかわることをこれまで、極力、避けようとしてきた。議員が関与すると、危機対応が政治化し混乱する、議員は危機管理に近づけさせないというのが行政部のホンネになってきた。災害対策基本法は自治体に地域防災計画の策定を義務づけている。執行部が作るこの文書に議員が登場することはほとんどない。議員は行政中心の危機対応では脇役に過ぎない。

一方、東日本大震災の被災地では、地方議員の役割に疑問を持つ住民が出るようになった。住民のなかから「地方議員はなにもしてくれなかった」という声が挙がった。なにもできない議員なら、議会は不要という見方も出ている。個人としてボランティア活動に関わる議員もいる。しかし、個人ではなく議会として危機管理に組織的に対応するところは、これまでほとんど見当たらなかった。地方議員の果たすべき危機管理での立場はきわめて微妙である。矛盾する場合が多い。行政部からは関わるなと言われる。ところが、住民からは不測事態が発生しても議員はなにも出来ないと責められる。危機管理に限って、地方議員の足場は不安定である。

そのせいにもよるが、今回の震災から被害を受けなかった自治体でも、議員のなかに危機管理に関心を寄せる人びとが増えている。地域の安心と安全を守ることが住民の関心を呼び、政治の争点として無視できなくなってきたのが、その理由である。なかには、危機管理条例を作るところや、不測事態に対応する対策要綱や業務継続計画を策定する地方議会も出ている。今後、そうした事例は増加することが予想される。ただ、災害が発生した場合に議会人がどう振る舞うかについては、なお微妙な問題が残る。危機管理条例や要綱を作るだけで解決する課題ではない。

地方議員が抱える複雑な立場を念頭に置いて、ここでは自治体の危機管理をつぎの3点から考えていきたいと思う。はじめに、住民を取り上げる。他の国に比較すると、日本の住民は自助意識が低く、公助への依存度が高い。救急車両は日本では無料である。119番にかければ救急車は10分以内に現場に到着する。そのため、救急車をタクシー代わりに使う住民も少なくない。他の国では救急車両は、有料というところも多い。公助に過度に依存する日本住民の姿は、他の国と好対照をなしている。住民像を国際的な比較から検討するのが、ここでの論点になる。

日本の住民に多い過度な公助依存は、地方自治体が提供するサービスに関係している。日本の自治体行政は、活動の幅と活動の量において、他の国にあまり例を見ない能力と品質を誇っている。自治体が定期的に発行する広報誌が、その一例である。これは他の国にはない日本の地方行政が誇るべき実績である。逆説的ではあるが、優れた地方行政が住民の公助依存を促す要因になっている。高い能力と品質を備えた地方行政は、住民の目には頼りになる公共機関である。「なんでもしてくれる」のが、日本の自治体と捉えられる。この点を具体的な事例を挙げて説明する。

これまで挙げた2つのテーマ、すなわち、住民の公助依存と行政責任は3つ目の課題を検討する導入部に当たる。ここでは住民の特色、地方行政の成果を下敷きにしながら、議会人と危機管理との関係を考えていきたい

と思う。成果と品質の高い日本の地方行政であるが欠陥もある。少なくとも2点を問題視すべきである。日本の地方行政は例外を認めない杓子定規であること、それに規則にない突発的事態の対応に弱いことである。日本の地方行政はルーチン化した仕事は見事にこなす。ただ、非常時への対応は下手である。時間がかかる上、手続きに拘泥される場合が多い。

地方議員の出番は、そこから始まる。不測事態が発生するとほとんどの課題が例外になる。規則に縛られる執行部では対応できない事項が増える。例えば、避難所におけるタバコやペットの取り扱いである。タバコを吸わない人びとにとって、喫煙者と同じ部屋にいることは苦痛である。ペットについても同様、犬やネコを家族の一員とみる人びとがいる反面、ペットの毛でアレルギーを起こす人もいる。それら生活習慣の違う住民が同じ避難所にいると、衝突が起こるのは火を見るより明らかである。

自治体職員が、そうした住民間の紛議に立ち入ることには無理がある。両者を公平に取り扱うのが公務員の職責だからである。その点で議員は異なる。議員は法律や規則にそれほど拘束されることはない。比較的柔軟に争いごとの解決に当たることができる。そもそも紛争解決の素養を持つ人材が、議員になることが多い。非常事態になると、議員の役割や機能が一段と重視される。そうした視点から、ここでは危機状況における地方議員の役割を説明していきたいと思う。

1．自助意識の不足と公助依存

（1）自助と共助のねじれ

これまで危機管理では、自助が7割、共助が2割、そして公助は1割と言われてきた。災害が発生すると、自治体や警察、それに消防などは、それぞれ所定の持ち場に向かう。平常時と異なり、住民が助けを求めても公助の手は届かないか、届くのに相当な時間がかかる。ところが、日本では住民の多くは、災害が発生した場合でも、公助に頼れると思い込んでいる。専門家の間で言われることと異なり、公助7割、共助2割、そして自助1割と考えるのが住民の危機意識である。これがしばしば事後に問題を起こす。住民側から「自治体や消防に援助を求めたが、助けはこなかった。われわれの自治体はなにもしてくれない」という批判の声が出る。これは無理な注文である。警察や消防など制服を着た職員には、緊急対応を迫られる現場がある。それに急行しなければ、地域全体に被害が及ぶ。個人には公助を期待する前に、災害や事故に備えた自衛措置をとることが必要である。非常時では公助に依存はできない、そのことを住民は改めて認識すべきだと思う。

明治大学危機管理研究センターは、東日本大震災が発生する直前の2011年2月17〜28日、各地の住民を対象に危機管理について意識調査を実施した。調査結果は住民の自助や公助についての考え方を、部分的ではあるが明らかにしている。はじめに、住民に「大きな災害が起こると、誰が一番、頼りになるか」を問うた。住民の多くは、自分自身（74.8%）、家族（79.1%）や友人（55.5%）がもっとも信頼できると回答している。住民は災害が発生した場合には、自身や家族を含む自助が重

図1 危機状況における信頼主体

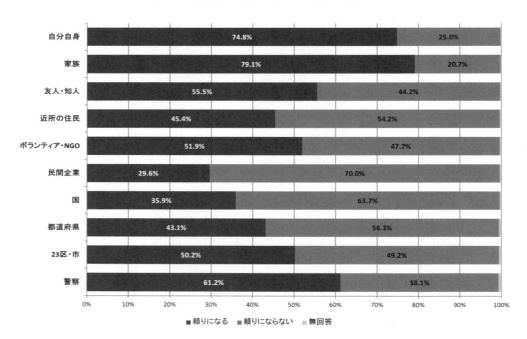

出典：明治大学危機管理研究センター　2011年10月調査

図2 住民の自助対策

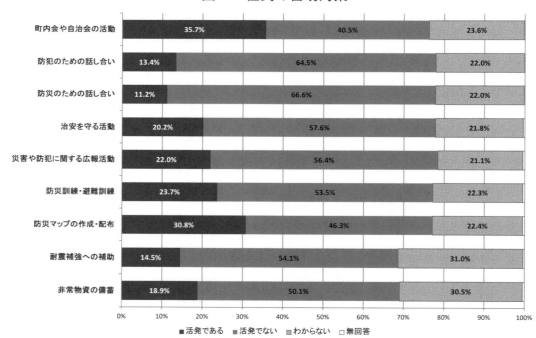

出典：明治大学危機管理研究センター　2011年10月調査

要と考えている節が見える。

　自分、家族、友人など自助かそれに近い選択肢を選んだ住民は、当然、回答にふさわしい事前準備をしていると考えられる。そこでつぎに、「どのような自助対策をしているか」を問うたところ、予想外の答が返ってきた。

非常物資を備蓄していると回答した住民は、わずか18.9%に止まった。自治体の広報誌や新聞、それにテレビ報道などが、住民に対し最低3日間、非常用の食料や飲料水などを備えておくことを督励している。にも関わらず、結果は住民の自助への認識が十分でないことを明かにした。家具など耐震補強を進めるため補助金を出す自治体も多い。しかし、それを活用する住民は14.5%に止まっている。避難訓練に参加した事例なども23.7%と少ない。

（2）自助不足と地方議員への期待

住民は災害が発生した際、自助が重要であることをアタマでは理解している。ただ、それが具体的な行動に結びつかない。残念ではあるが、住民の多くは災害が起こっても公助は届くと誤解している。この住民の公助依存は、改めなければならない。そうでなければ、不測事態に伴う被害者は、多数に及ぶと推測されるからである。被害者を少なくするためには、住民の公助への依存意識を改め、自衛対策を拡大する施策を推進する必要がある。これがこの先、自治体や地方議会人に課せられた喫緊の課題である。

その意味で危機管理教育の重要性が注目される。今後、住民を対象にした危機管理教育を促し、公助依存をできる限り軽減していく必要がある。どうやら、この役割を担える適任者は、地方議員であるように思う。危機管理教育という点で、今後、地方議員には大きな期待が寄せられる。それは、議員の多くが後援会を組織し、日頃から地元住民に接触する活動を行っているからである。この議員が構築したネットワークを利用し、住民の自助教育を推進する有効な手段とすることが望まれる。

具体的な例を紹介すると、議員は10名前後の後援会メンバーを集め、図上訓練を実施する。はじめに、ふすま一枚程度の大きな模造紙を用意する。そこに、参加者全員で居住地域の地図を手書きで作成する。その過程で、参加者には地域の危険な場所や警戒すべき箇所を色分けすることを勧める。この作業を重ねると、住民は災害が発生した場合に避けるべき待避経路、危険な河川、それに緊急車両の通れない道路などを確認することができる。地図の作成が終わると、今度はできあがった地図に透明ビニールをかけ、参加者全員で再度、危険区域や警戒地域などのマーキング作業を進める。

最終的に完成した地域の手製防災地図を参考に住民の間で改めて討論を進め、「ヒヤリ、ハット」の可能性がある場所を特定する。訓練が終われば地図を保護してきたビニールをはがし、保管した上、数ヶ月後に同じ参加者で開催する訓練に利用する。簡単な訓練から、住民には自助の重要性を認識し、自衛意識を高めてもらう、それがこの企画の狙いである。時間はかかるかもしれない、手間もかかると思われる。ただ、費用はほとんどかからない。即効的な効果も期待できる。こうした後援会を基盤にした少人数の図上訓練を、地方議員が主宰し議員中心に進める。地方議員が地域の危機管理に貢献できる意義ある施策である[1]。

２．行政と行政職員の危機対応

（1）混乱の中の法と秩序

東日本大震災に見舞われた地域では、被災した住民は小雪が舞う寒空のなか、数時間にわたって順序正しく列を組み、救援物資の支

給を待った。その姿が各国のメディアを通して世界中に伝えられた。整然と並んで支援物資の受給を待つ住民の姿は、日本がどれだけ成熟した社会であるかを示す証左と激賞する海外報道も出た。被災地では暴動や略奪などはなかった。被災した地域の住民は、混乱の中でさえ法と秩序を守る姿勢を貫いた。これも外国のメディアを驚嘆させる事象になった[2]。

　日本では、そうした秩序ある状況はむしろ常識に属する。ごく当たり前、不思議とは思えない姿であるが、それに外国のメディアが一応におどろいた。その理由は、他の国では日本のように整然とは行かないからである。むしろ、他の国では災害発生と同時に略奪（Lootingという）が多発し、被災者は救援物資にわれ先にと殺到するのが通例である。

　2005年8月、アメリカ南部のまち、ルイジアナ州ニューオーリンズ市をハリケーン・カテリーナが襲来した。この災害で被災者になった友人は、自宅に大量の水が流入し、庭の大木が屋根を直撃した。2階部分が大破し、自宅は半壊という大変な被害に遭った。電気が切れ水道の出ない真夜中、友人がまずはじめたのは近隣の住民を街路に集め、それぞれが自宅からピストルや銃を持ちより、自警団を組織することであった。そうでもしなければ、自宅は強盗団に襲われ、金品を奪われるからである。実際、市の中心部ではスーパーマーケットや大型家電販売店が、住民の襲撃を受け商品のほとんどが略奪にあった。また、被災した住民は、到着した救援物資にわれ先に飛びつき、避難所は大混乱に陥った。こうした混乱はアメリカに限らない、多くの国でごく普通に見られる光景である。それに比べ、日本では混乱する状況のなかでも住民は整然と秩序を守る、おそらく世界的にも珍しい現象と言える。

　なぜ、日本で被災者は整然と列を作り、救援物資の支給を辛抱強く待つのか。また、なぜ、日本では混乱した状態でも、ルールが守られ秩序が維持されるのか。これらはきわめて興味ある設問である。どうやらこうした課題の解答には、住民の多くが自治体を信頼していること、それに公務員が住民優先の行政を原則としてきたことなど、自治体行政のソフト面が大きく関わっている。

　日本の行政は、法律と公平性を重視する点で世界屈指のガバメントである。そのためであろう、公務員試験や研修では行政法がとりわけ重視される。他の国では、そもそも行政法という概念すらないところが多い。この点、日本の行政は法律至上主義が徹底している。それに加え、日本の自治体は他の国では信じられないほど多岐にわたる社会政策を担当している。高齢者対策、義務教育、生活保護、外国人対応など、日本の自治体は活動量と活動の幅において、多様化した政策を担当する窓口の広い地方政府である。そうした各種のサービスを提供する自治体では、政策はすべて法律に準拠して実施される。提供されるサービスの中身は公平性が原則である。すべての自治体サービスは、住民に平等に提供され、家族や友人が優遇されることはない。日本の自治体行政では、人治や裁量が入る余地は皆無である。

　他の国ではこうは行かない。そもそも先進工業国家と呼ばれる国々でも、自治体が担当する仕事の範囲はきわめて狭い。ほぼ3つの'R'に限られる。一つは道路（Road）、それにゴミ収集（Rubbish）、さらには徴税（Rate）である。外国の自治体は守備範囲が狭い上に、先進工業国家でも人治が幅を効かせる。行政法が日本ほど充実していない分、

公務員の裁量権が大きな役割を果たす。この点は発展途上国では、よりはっきりとしている。災害などの場合、援助物資が届くと公務員はまず自分の家族分を確保する。つぎに、親戚と友人のために物資を留保する。法治や公平を無視する行政が当然のように行われるが、そうなると正直者は損をする。秩序よく列んでいたのでは救援物資はもらえない。その結果、住民はわれ先にと救援物資に飛びつく。被災地や避難所が無法状態になるのは、そのためである。

今回の震災では、公務員のなかに身内に犠牲者が出た人びとも多数に上った。家を流され避難所で生活を強いられた自治体職員も少なくなかった。ただ、被災地の公務員は個人の不幸はさておき、住民の災害支援に真っ先に取り組んだ。個人的事情はともかく、住民の福祉を優先させることに力を割いた。これは高く評価されるべき自治体職員の行動様式である。外国のように公務員が、支援物資を家族のために先取りするなどのことは、日本ではほとんど聞かない。日本で公務員は、救援物資を住民に規則に準じて公平に分配した。

（2）自治体への信頼と社会政策

そのためであろう、震災直後に明治大学危機管理研究センターが実施した調査では、自治体を信頼するという住民からの回答がもっとも多く、その数は 48.6%になった。住民のほぼ半数が自治体行政に信頼を寄せるという結果であるが、信頼度が過半数を越えなかったことには残念な思いが残る。ただ、自治体への信頼が中央政府や都道府県に対する信頼感を上回っていることは注目される。図3 が示すように、中央政府を信頼するという回答は、24.7%にしかならない。これは、原発事故をめぐる中央政府の対応が影響している。政府は事故の対応に右往左往し、それがマスコミを通して民主党政権に対する住民のマイナス・イメージの形成に働いたと考えられる。

政府や自治体に関わる住民の信頼度が、日本とまったく異なる国もある。中央政府や国のリーダーは信用するが、自治体は信頼できないという国も多い。その理由は、腐敗や汚職の横行である。地方自治体になると政府は腐敗し、職員の汚職が広がる。自治体に苦しめられる住民は、中央政府や国の指導者に助けを求める。こうした国では日本とは異なり、信頼図は中央レベルの政府に高く、自治体になると低下する逆ピラミッド状になる。これは、アジアの開発途上国に多いパターンであるが、地方自治体での汚職が頻発すると言われる中国では、信頼関係が中央から自治体に先細りする逆転状態を認める人びとが多い。

法律を重視し、公平性を基本としたサービスを提供する日本の自治体では、時間はかかるかも知れない。しかし、列に並んでさえおれば、物資は間違いなく入手できると住民は確信していた。これは、彼らの多くが自治体の行政を信頼していることのなによりの証拠である。そうでなければ、住民の間で整然とした行動は成り立つはずがない。日本では混乱のなかでも法と秩序が維持されたが、その理由を突き詰めると、地方行政に対する住民の信頼が厚いという結果にたどり着く。

くり返しになるが、これは世界的に見ても希有な事例である。残念なことに、日本では地方行政の優秀性や信頼度の高さはあまり評価されない。自治体の成果を批判はしても評価はしないのが、日本の研究者やマスコミに多いパターンである。日本の地方行政を国際的な視野から客観的に観察し、その成果をより正当に評価すべきではないかと思う。

図3　国、都道府県、市町村の信頼度

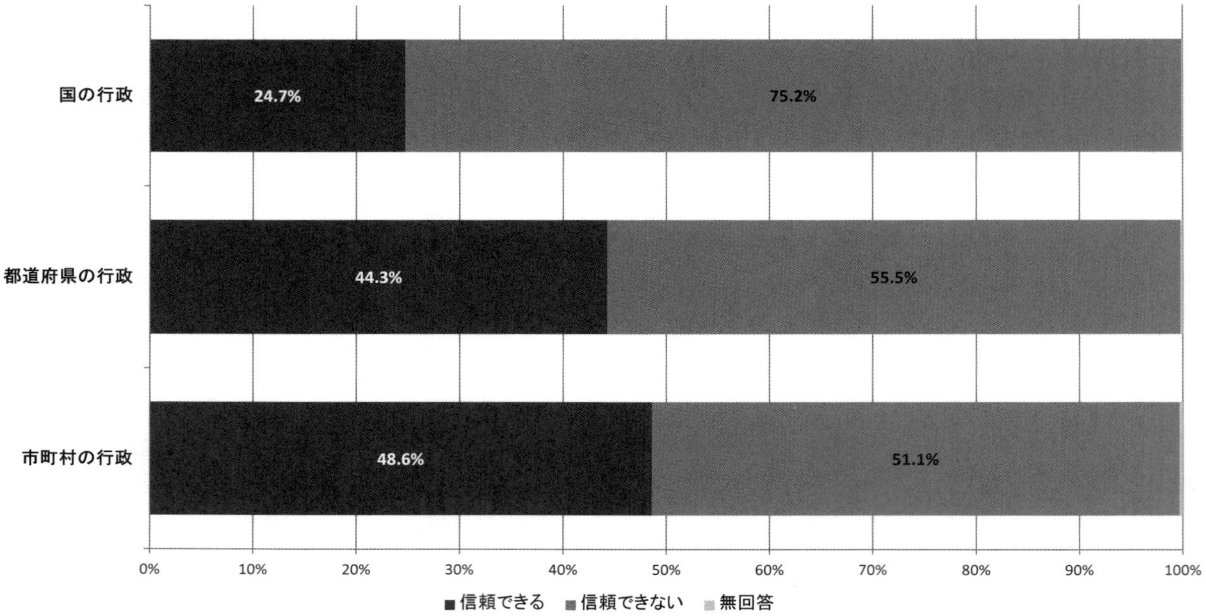

	信頼できる	信頼できない
国の行政	24.7%	75.2%
都道府県の行政	44.3%	55.5%
市町村の行政	48.6%	51.1%

■信頼できる　■信頼できない　■無回答

出典：明治大学危機管理研究センター　2011年10月調査

（3）法治と公平原則の欠点

　ただ、日本の地方行政にも欠点はある。自治体行政に対する住民の信頼が、過度の公助依存を生んでいることはすでに指摘してきた通りである。自治体に対する信頼の深さが、住民の間で自助意識の不足に連なっている。これを、この先、是正しなければならないというのが、これまでの論点の一つであった。

　もう一つ、自治体の行政には危機管理の面でも早急に対応しなければならない弱点が認められる。具体的な事例で問題点の検討をはじめると、今仮に救援物資が70個、自治体の手元にあると仮定しよう。そして、庁舎の前では100名の被災者が列を作り救援物資の支給を待っていると考えよう。100名の住民は、今すぐにでも物資を手にしたい。しかし、公平原則を重視する日本の自治体では、物資が30個分不足している状況で、職員が救援物資の配布作業をはじめることはまずない。住民が必要としていても、法治と公平原則を重視する日本の地方行政は、ルール外の行動や不平等になる施策を進めることは避けようとする。配布作業を開始すると、物資が行き渡らない30名の住民から、自治体に対してクレームの大合唱がはじまる。自治体職員としては避けたい展開である。

　そこで自治体は2つの方法を取る。一つは、救援物資の数が100個以上になるまで配布作業を延ばすことである。そのために、住民は困るかも知れない。しかし、配付作業に踏み切ると、混乱と不満が持ち上がることは明かである。こちらの方が自治体職員にとっては厳しい政策オプションになる。もう一つ自治体は、同じような事例が過去になかったか前例を調べる。しかし、多くの自治体にとって災害ははじめてというのが通例である。混乱のなかで前例を調べる余裕がないことに加え、そもそも不測事態に関わる前例はないのが普通である。そこで、次善の策として職員は他の自治体の対応策を探ろうとするが、こ

れも空振りに終わる。最後の手段は、総務省自治行政局に電話で問い合わせることである。これには時間がかかる上に地方分権の時代、過去の一般的な事例についてはともかく、特定の自治体の特殊な政策課題に国が指示を出すことは最早、あり得ない。

こうした事例が示すように、もともと自治体など行政機関は危機には弱いという弱点をもつ。自治体にとって一番の責務は住民に対して定められた規定に従い、粛々とサービスを提供することにある。ルールや規則からはずれた例外や、突発的な異例を想定しないのが行政機関の特色である。平静時であれば、自治体は他の団体を横目でにらんで「ヨコ並び」という奥の手を使うか、先例を踏襲する。緊急事態では他の自治体や先例を参考にするという、自治体の得意技は使えない。自治体は不測事態が発生した場合に柔軟性に欠けると言われるが、これは利益と関係なく住民への奉仕を基本とする自治体では致し方のないことかも知れない。さりながら、災害や事故が発生すると、それに対応する責任は首長や自治体職員に課せられる。少しでも危機への対応が遅れると、多数のクレーマーが束になって自治体攻撃をはじめる。「わたしの住む自治体は、危機管理ではなにもしない」というのは、住民の間からしばしば漏れる行政批判の常套句である。

要するに、危機状況では自治体においても、住民と同様、他力ではなく自力、それに自助と自律を基本にした政策の実施が迫られる。日常的でルーチン化した業務の遂行には、優れた実績を持つ自治体職員であるが、ルールにない例外に属する災害や突発的な事故については、対応が後手に回ることがある。法律重視と公平原則が、公務員の果断な対応を妨げる要因になっている。危機状況では、ほ

とんどが例外で、多くが非日常的な出来事で占められる。予期しない災害や事故などに備え、地方行政はこの先、意思決定、指揮命令、それに職員の役割や機能などソフト面で柔軟なシステムを構築しなければならない。いかにして、例外やルール・ブックにない事態に対応できる職員を今後、どう育てるか、自治体に求められる大きな命題である。

（4）危機に強い行政職員の養成

従来、自治体の危機管理は単一の団体を念頭にしてきた。特定の自治体で不測の事態が発生した場合、避難所をどう確保し、住民をいかに安全な場所に誘導するか、また、被災者にどのような生活支援を行うか、それが危機管理対策の基本であった。この一連の作業をスムースに展開する方法を検討するのが、自治体の危機管理の基本と考えられてきた。そうした態勢は、一つの自治体で自己完結的に進めることができるとはずであった。ほかの自治体と連携することや、共同することは念頭になかった。この点は、各地の自治体がつくる地域防災計画にもっとも明らかである。

地域防災計画は自治体内部にすでに存在する部署を基本に構成されてきた。その上で鳥インフルエンザは農政課、台風は防災課、それに水害は土木課など、危機の種類に応じて関係部署に責任を単純に割り振る方式を取ってきた。部署単位に無機質に役割を取り混ぜてきたのが、従前の地域防災計画であった。これでは、行政職員の危機対応能力は向上しない。職員の危機対応を柔軟化するという意味からすると、より現実的な取り組みが必要とされる。

今後、自治体の危機対応策は、職員を機能別に分ける実践的な方法に変更すべきであ

る。情報収集を担う責任者、食料確保に責任を持つ職員、避難誘導や保健衛生の維持に専従する係など、責任部署を機能別に分けると同時に、各自の持ち場を平常時から周知徹底しておく。不測事態が発生した場合には、それぞれの職員は直ぐに既定の持ち場に赴き、あらかじめ決められた役割を果たす。こうすることで、自治体の全庁体制が確立され、職員の危機対応能力は格段に上がると考えられる。なかには、名刺型の用紙に危機管理の要項をまとめて職員に配付し、それを常時携帯することを義務づけている自治体もある。用紙には空白部分が設けられ、そこに情報や食料など役割分担を職員自らが書き込む制度をはじめた自治体もある。自筆を要求するのは、行政職員が日頃からそれぞれの緊急時の持ち場を確認するためである（たとえば、横須賀市にそうした事例がある）。

　自治体職員の危機対応を柔軟化するもう一つの方法は、意思決定に現場主義を徹底することである。災害が発生した場合、現場に張り付く職員がもっとも現地の様子に詳しい。本庁には災害対策本部が設置されるが、ここでは現場と距離がある分、現地の様子をリアルタイムで把握することはむずかしい。現場に近い職員の判断と裁量で対応策を進めることが望まれるが、それが本部との間で齟齬（そご）を生む場合がある。今回の原発事故でも、東京電力の本部は現場との間で対応策をめぐって激しいやりとりをしたことが知られている。認識の違いや誤解の発生は、不測事態の下では避けることのできない問題かも知れない。しかし、誤差は早急に修正しなければならない。そうでなければ、対策の効果は半減し、対応は消化不良を起こすなどの事態が発生する。

　では、どうするか。役に立つのは記録であ

る。本部では、災害発生以後のあらゆる対応策を時系列に記録として残す必要がある。これを実行するため、対策本部に記録担当者を特設することが望まれる。記録担当者は本部と現場との電話交信、ファックス、電子メールなど、すべての連絡記録を時間軸で書き留めておく。文書や口頭による指示などもできる限り記録に残し保管することが重要である。その上で、本部と現場の責任者は数日単位、あるいは週単位で、合同会議を開く。その際、災害対応の時間経過を示した記録は、政策調整を行う資料として使う。時間軸で残された記録をたどると、どこで両者の意見が食い違ったのか、どの時点で誤解が生じたのかなど、本部と現場間に表れる温度差が明確になる。災害対応についての誤差を確認し、そこからつぎの手段を考える素材として、記録はきわめて重要な役割を果たす。

（5）自治体行政と危機管理－小括

　これまで、首長の率いる行政部と職員が不測事態の発生にどう対応するかを説明してきた。はじめに、今回の東日本大震災を取り上げ、被災地では混乱のなかでも法と秩序が守られたことを指摘した。世界的にも希有な状況であるが、被災者は順序よく列に並んで救援物資の配給を辛抱強く待った。これには様々な理由が考えられるが、なかでも住民が地方行政、それに自治体職員を信頼していることが重要というのが、ここでの論点であった。他の国では、公務員が救援物資を家族のために秘匿し、横流しするなどのことが起こる。住民が正直に並んでいたのでは物資は手に入らない。そのために住民は列を乱して物資に飛びかかる。混乱と秩序の崩壊は、こうして生まれる。その原因は、行政が法律でなく人治で動き、その中身が公平性の乏しい内

容になっているからである。

　この点、日本の自治体は大きく異なる。地方行政は法治と公平性を原則として運営される。被災者への救援物資の配付も規則が重視され平等に配られる。しかも、配付作業は効率よく、それを担う行政職員の能力はきわめて高い。ところが、日本の自治体行政にもアキレス腱はある。職員は法律やルールに縛られ柔軟性を欠くこと、それに不規則な事態に臨機応変に対応できない資質を持つことである。野球にたとえるなら、日本の自治体職員はストレート・ボールにはめっぽう強い。ストレートならホームランやヒットの数は量産できる。しかし、変化球はまったく打てない。ほとんど見逃すか、そもそもバッターボックスに立とうとしない。例外や不規則な事象、それに非常事態の対応を苦手とするのが、日本の行政職員である。ここでは、それを是正する方法をいくつか紹介してきた。

　実績を誇る日本の自治体行政であるが、例外や不規則な事態発生に対応が苦手であるため、危機対応が遅れることを問題として示した。これから、そうした行政の欠陥を補完できる唯一の機関は地方議会であることを論証したいと思う。言うまでもないが、地方議会は公選によって選出された議員で構成される。その点、選挙と関係のない公務員とは立場が異なる。ところが、地方議会人は危機管理という政策部門からはシャットアウトされてきたのが、これまでの実情である。危機対応という行政中心の部門に政治は無用というのが、その大きな理由になってきた。政治と行政の分離、それがきびしく守られてきたのが危機管理と呼ばれる政策分野である。とは言え、行政は例外や非日常的な事態への対応は得意ではない。非常事態でも手続きが重視され、規則にアクセントが置かれる。

それが自治体行政の利点であり欠点となってきた。

　その点、地方議会や地方議員は立場が異なる。議員の仕事は、住民に助言を与えること、それに相談に乗ることである。場合によっては、住民が抱えるいろいろな問題を行政につなげる「口利き役」も演じる。地方議会は行政にくらべ法律や規則に縛れることは少ない。議員が気に留めるのは、規則よりも後援会や地元の声である。これから、そうした地方議会や地方議会人の特質を危機管理という文脈で検討したいと思う。地方議会と地方議会人は、行政が不得意とする例外や予定外の出来事に対応できる柔軟性を備えている。危機への対応については、行政とは異なる役目と機能を発揮できる。議会人がこの先、改めて意識すべき役柄である。

3．地方議員と危機管理

（1）政治と災害対応

　自治体は非常事態に備えて職員を機能別に分け、災害や事故に発生に効率よく対応すべきであることは、すでに指摘してきた通りである。そうした機能別に分かれた職員を統合し調整するのは、首長を中心に組織される災害対策本部である。非常時に特設される対策本部に自治体の主要幹部が集合するが、それに地方議員が加わることはほとんどない。災害対応の基本になる地域防災計画においてすら、議員の役割は付言されていない。その訳は、議員が絡むと無色透明、粛々と進めるべき危機対応に政治という色がつく、それを行政部がなによりも恐れるからである。
確かに、災害の初期対応や復旧作業、それに復興事業に、地元選挙区や個人後援会の利益

優先を要求する議員もいる。災害対策の最前線に現れ、現場に行かせろと迫る議員も少なくない。職員の目からすると、行政部の危機対応を機能別に組織化しても、議員の干渉が作業の進展を遅らせる。「カンベンして欲しい政治の介在」、自治体職員がしばしば密かに口にするホンネである。しかし、議員にも言い分はある。公務員とは異なり、議会人は選挙で選ばれる。にも関わらず、議会人は危機対応では完全に邪魔者扱いである。災害対策本部に出入りすることすらできない。加えて、議会に届く情報も十分でない。さりながら、議会人には住民の安心と安全を確保する責任がある。危機に当たって地元民のために努力を重ねなければならない。それでなくても、住民の議会人を見る目は冷たい。地方議会人の多くが肌で感じるジレンマである。

不測事態の発生のなか、政治と行政がいがみ合いをしていてもはじまらない。目の前では命を落とす被害者が出るかも知れない。財産を失う住民も増える可能性がある。必要とされるのは、自治体の関係者が一致団結し全庁体制で事態に当たることである。議会人と行政との反目はどうしても緩和しなければならないが、それを解決する方法の一つは災害対策基本法によって創設される地方防災会議に、議会の代表者を正規メンバーとして加えることである。数は少ないが、これをすでに制度化しているところもある。人口25万人以上と災害を経験した自治体、合わせて119都市を対象にした最近の調査では、議長が防災会議に参加（15市）、副議長の参画（4市）、防災所管の委員会委員長が出席（11市）、議会事務局長の関与（16市）という結果が出ている。平塚市と久留米市は正副議長が会議に出席し、藤沢、船橋、豊橋、一宮、春日井、尼崎、久留米の7市では、議長と防災所管委

員会の委員長が会議に加わっている。防災会議に参画しない議会は、119市のなかで88市に上る。これは将来、是正を必要とする数字である。この先、議会人が地方防災会議に参加する自治体を増やす努力を重ねなければならない（都市行政問題研究会、2012年）。

非常事態が発生すると自治体では災害対策本部を設置する。すでに指摘したように、これに議会人の参加を認めるところは少ない。ただ、議員の背後では選挙民からの監視の目が光る。地方議会は、行政部の進める災害施策を阻害するのではなく、それを補完する役割を果たすべきである。そのためには、議会人が災害対策本部に参画し、事態の把握をはじめ正確な情報を入手する必要がある。最新の調査によると、議長が災対本部に参加する事例は6件、副議長が本部に関わる自治体は2件にとどまっている。残念ながら119市のなかでは、38市の議会が災対本部に全く関わっていない（31.9％）。それが議会事務局長になると、参画する事例は74市と大幅に増える。これらの数字にも、行政部が議会人の災対本部への参加に消極的である様子がうかがえる。議会事務局長は議会に関わるが、もともとは行政マンである。議会人は入れないが、事務局長であれば政治化することはない。行政側のそうした計算を反映した数字かも知れない（同上、資料）。

（2）地方議会独自の取り組み

行政部の活動に参画する議会がある一方、議会独自の災害対策を進めようとする自治体もある。数が少ないが、秋田市、郡山市、町田市、藤沢市など14市は、議会が独自の災害対策本部を設置する規定や要綱を作っている。その一例が大分市である。ここでは議長が本部長に就き、本部長と副議長、それに議会運営委員会委

員長の3者で災害対策の運営委員会を構成している。その下に「地区隊長」が置かれ、地元に直結する地区担当議員を管理する体制を敷いている。こうした具体的な制度を設けるケースは限られている。一般的には、議長が災害対策本部の本部長、副議長が副本部長など、横すべりする組織を想定する自治体が多い。しかし、これでは十分とは言えない。実効性という点からするなら、議長や副議長、それに議院運営委員会委員長を加えた3者が最高の意思決定機関となり、その下に議員を配置する大分方式が有効と考えられる。

行政部の災害対策とは別に、地方議会が独自に災害対策基本条例を策定した事例や、災害対策関連の意見書や決議を採択したケースも出ている。119件に上る調査対象の地方議会で、災害対策基本条例を採択した自治体は6件、検討中も同じく6件になった。災害基本条例を創設した自治体について、条例の提案者が誰かを問うているが、6件のうち3件が市長、1件が議員、残る2件は議会の委員会であった。市長が発議者は秋田、川崎、市川の3市である。議会の委員会が提案者は、岡崎市と大津市である。倉敷市だけが議員提案という形を取るが、ここでは台風被害や大雨、それに高潮による災害を経験し、この先の被害を最小限するために議会が条例を策定した。

岡崎市と大津市が災害基本条例を策定した経緯には共通点が見られる。両市とも議会のなかに特別委員会が設置され、そこで素案が作られた。提案はその後、パブリックコメントにかけられるが、この手続きを踏んで議会が全会一致で原案を承認という経過を踏んでいる。議会が労力を割いて作る災害対策基本条例であるが、それがどの程度、効果を生むかは未知数である。行政部が作る地域防災計画などと相反することも憂慮される。すでに首長主導で防災計画が策

定されている場合、議会の作る災害基本条例は屋上屋を架す試みになるかも知れない。ただ、そうではあっても議会のイニシアティブで災害対策基本条例を制定することには大きな意義もある。議会提案で作る災害対策基本条例は、議会基本条例などと同様、総論をまとめた抽象的な文書にならざるを得ない。しかし、それを作ることによって各議員の危機管理に対する意識が上がる。また、条例ができたことで議員が本格的に住民を対象にした防災教育を進める動機が生まれる。議会提案の災害対策基本条例には、そうした多方面にわたる波及的効果が期待される（同上、資料）。

（3）業務継続計画（BCP）と議会

もう一つ、地方議会は行政部とは別に「業務継続計画」（BCP）を作ることが望まれる。業務継続計画はもともとビジネス界から出てきた発想である。利益を上げることを重視する企業では、災害が発生しても営業は継続しなければならない。休業が続くと破産という事態にも陥る。そこで、企業では不測事態の発生に備え、会社の存続維持に最低限必要とされる施策をあらかじめ設定している。いかなる状況であっても顧客のニーズに応える方法をまとめたのが業務継続計画である。その点、自治体は組織の目的からして企業とは基本的に異なる。自治体は利益や市場占有率などとは、ほとんど無縁である。自治体の業務継続は、広く一般の住民を対象にしている。住民の生命と財産を守ることが、自治体の BCP では最重要課題になる。こうした違いを念頭に置くアメリカでは、行政のための計画を COOP（Continuity of Operation）と呼んで BCP と区別している。ただ、BCP そのものについてなじみが薄い日本では、COOP とは呼ばず行政に関しても BCP という表現を使っている。危機に際して、行政は業務をどう継

13

続するか、それを摘記したのが行政版の BCP である。

議会の BCP を検討するに先立ち、自治体の行政部が作る業務継続計画になじんでおく必要がある。BCP は災害対策基本法で義務づけられた地域防災計画とは性格が異なる。地域防災計画は、自治体が災害や事故に対して取り組むべき事前準備と事後対応の総論をまとめた文書である。これに対し業務継続計画は、自治体が非常事態の発生時に優先して進めるべき施策を、時系列的に記した各論である。自治体の BCP では参集率がことに重視される。災害発生と同時に職員は真っ先に庁舎に集合しなければならない。職員が参集しない限り災害対応ははじまらないからである。自治体の行政部が作る BCP では、普通、時系列で職員が本部に集まる見取り図をまとめたものが作られる。これは、阪神淡路大震災の経験をもとにした考え方である。阪神淡路大震災の場合、発災当日、兵庫県の知事部局職員 3,100 名のうち県庁に参集できた職員は 600 名と言われる。神戸市では職員総数 1 万 5,000 人のなかで、7,300 人が 1 月 17 日の震災時に登庁したという記録がある。

なかには、職員に「30 分規制」と呼ばれるルールを課している自治体もある。参集率を確保するため、職員には本庁から徒歩 30 分でかけつけられる場所に居住することを求める規則である。大規模な自治体では宿舎を準備し、危機要員をそこに住まわせるという対策をとるところもある。2009 年に総務省消防庁が実施した調査によると、職員の緊急参集基準を設けている自治体は、政令指定都市で 59％、中核市で 23％、特例市 28％、その他の一般市では 15％である。今回の大震災以前の調査であるが、最終基準を作る自治体が少ない点が気になる。議会版 BCP についても、議員の参集率を描くことが重要項目になる。計画には、発災直後、6 時間経過後、一日目など、時間軸を目安に庁舎に集合できる議員数を書き込むことが望ましい。目安は、議員定数の 35％が発災と同時に庁舎に集合できることである。それを議会版の BCP に載せることが望ましい。

自治体行政部の作る BCP で 2 つ目に注目される項目は、住民生活に重大な影響を及ぼす各種サービスである。なかには、一時も中断を許されない事務もある。人工透析を必要とする住民への対応が、その一例になる。そうした特別措置を必要とする人びとについては、自治体はあらかじめ対策を検討し、それを業務継続計画に刷り込まなければならない。その他では、生活保護の支給、各種届出書類の受理、緊急車輌の通過道路の確保、さらには、上下水道の維持管理や情報システムの点検と保守などが含まれる。いずれも、危機対応に直結し中断を許さない最重要課題になる（西村、2012 年、2014 年）。

一方、議会版 BCP では高齢者、身障者、外国人、それに乳幼児を持つ女性など、一般に要援護者と呼ばれる人びとへの対応を考慮すべきである。要援護者は一般の住民とは異なる特別な対応を必要とする。多数の人びとが集まる避難所、公衆の面前で女性が授乳や着替えをすることには勇気がいる。躊躇される行為であるが、トイレについても同様である。移動式簡易トイレは男女別に分け目隠しのついたてを立てるなどの気配りが必要である。外国人の被災者については、状況説明のほか、関係する在外公館や母国との連絡などが課題として上がる。高齢者の間では常用薬やメガネに関する要望が多く、健康状態の維持なども問題になる。そのように、要援護者についての対応は細かい配慮が必要とされる。自治体職員が要援護者の対応に当たるが、混乱のなか行政サイドの援助は必ずしも満足のいくものにはならない。それを補完するのが議会人である。議員は自治体行政で例外と見

られ、ルールにない中身と判断される想定外の要望に救いの手を差しのべなければならない。議会人は要援護者の要望に耳を傾け、彼らの苦悩に寄り添う。場合によっては、要援護者の声を行政に伝達する役割も果たす。それこそが危機に際して、議会人が取るべき重要な活動と考えられる。

　行政部のBCPで3つ目の主要項目は、職員の食料など必要物資を最低3日間確保することである。そのほか、対策本部が倒壊し流出した場合に備え、本部の代替地をあらかじめ考えておくことも業務継続計画の重要な柱になる。さらに、首長が不在になることを想定し、普段とは異なる別個の指揮命令系統を準備することも考慮すべきである。ただ、2010年の総務省消防庁の調査によると、業務継続計画を策定している自治体は、都道府県では21.3%、市町村になると5.5%にまで下がる。はなはだ心もとない実状であるが、今後、これは改善されなければならない。議会についても、自治体の庁舎が倒壊や流出する場合に備え、議会人が集まるところ、会議を開く場所などを普段から決めておくべきである。発災時に議場を議会の災害対策本部に早変わりさせる方法も考案しなければならない。平時からそのためのレイアウトを考えておくなど、創意工夫をくり返すことが議会版BCPの有効度を一段と上げる（総務省、2010年）。

　議会が策定するBCPで参考になるのは大分市議会である。同市では、危機状況を念頭に議会活動をいくつかの場面に分けて考えている。一つは、議会開催が告示される以前、おおむね1週間から2週間の間に災害が発生したケースである。議会として様々な意思決定をしなければならないが、大分市の場合、核になるのは正副議長と議会運営委員長の3役である。なかでも、議運委員長が果たす役割は大きい。発災と同時に委員長は議会運営委員会を開催すべきか

どうかを決める。その拠り所は、委員定数の半数以上が出席できるかどうかである。本会議を開くと、議会は災害の発生に関係する緊急性の高い予算をはじめ、必要とされる経費の支出などに関して決議を行う。反対に委員会の開催ができない状況が出ると、3役が本会議開催の可否を決定する。本会議が開けないという結論に達すると、3役は議会側の総意として市長に専決処分の権限を認める。大分市ではこうしたシナリオをほかにも数種類準備し、市議会が災害に速やかに対応できる事前準備をしている。大津市でも同様の仕組みが考案されているが、議会版BCPを作るところがこの先、増えることはまず間違いがなさそうである（大分市議会、2015年）。

（4）地方議員の認知度と役割

　明治大学危機管理研究センターでは、東日本大震災の直後に特別区と政令指定都市の住民を対象に、「選挙で選ばれる公職者のなかで、どのポストにある政治家の名前を知っているか」を尋ねたことがある。回答者のほぼ全員が、当時の首相、菅直人氏の名前を知っていた（98.2%）。同様に知事や市長、それに特別区区長など、行政部の首長の認知度は、衆議院議員や参議院議員などの議会人に比較して高い。認知度の低いのは、県議会議員（25.1%）、それに市議会・区議会議員（26.5%）であった。市レベルで言うと、68%近くが市長の名前を認知していたが、区議会や市議会議員の名前は知らないという回答は75%近くにもなった。調査対象が都市圏に限られていることは考慮する必要がある。農村部に行くと様相はやや異なり、市議会や町村議会議員の知名度はもう少し上がったかも知れない。ただ、人口1億2,000万人のうち、その8割が都市に住む現状である、議会人の知名度はおしなべて低いと考えて、それほど間違いでは

図4　政治家の認知度

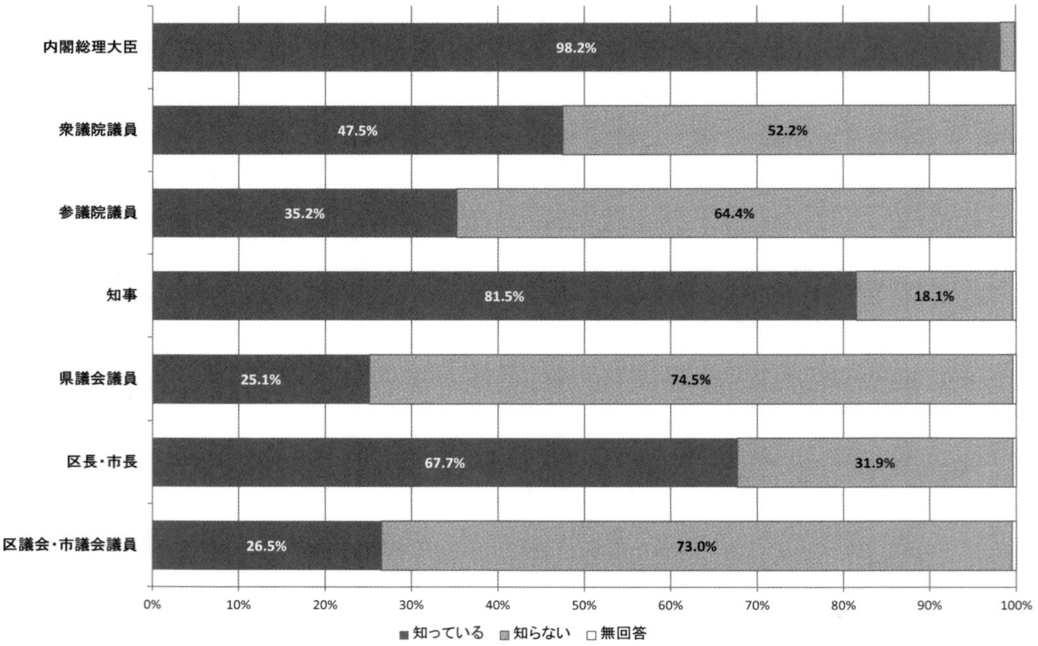

出典：明治大学危機管理研究センター　2011年10月調査

図5　県議の危機対応への期待

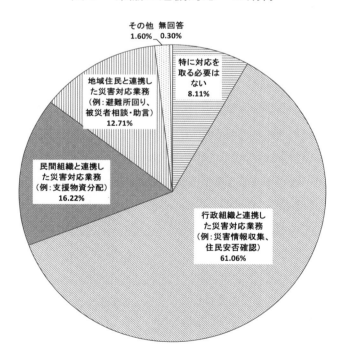

出典：明治大学危機管理研究センター　2014年調査

図6　市議の危機対応への期待

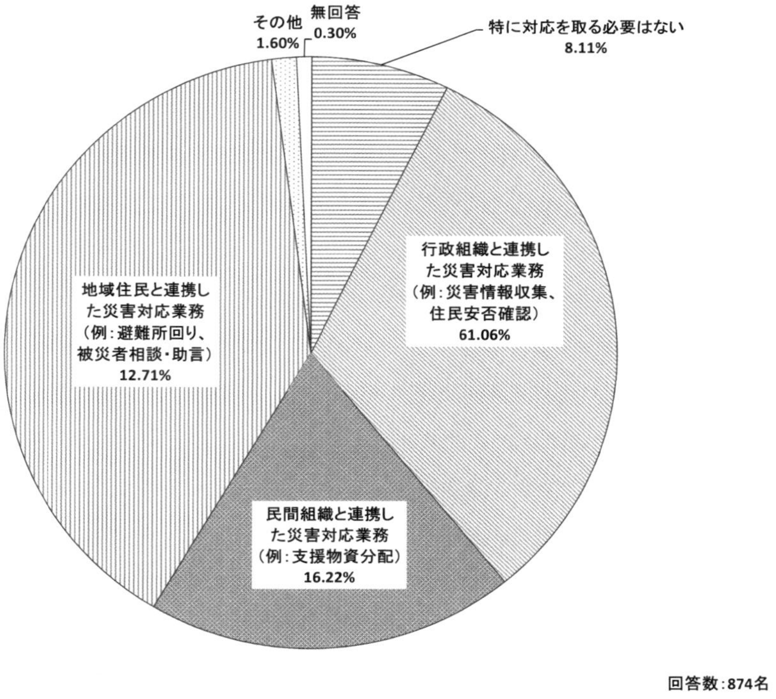

その他
1.60%

無回答
0.30%

特に対応を取る必要はない
8.11%

行政組織と連携した災害対応業務
（例：災害情報収集、住民安否確認）
61.06%

民間組織と連携した災害対応業務
（例：支援物資分配）
16.22%

地域住民と連携した災害対応業務
（例：避難所回り、被災者相談・助言）
12.71%

回答数：874名

出典：明治大学危機管理研究センター　2014年調査

ない。

　知名度の低い議会人が、危機管理の分野で果たす役割には工夫が必要である。名前の知られていない議会人が危機の現場や避難所で活動しても、一般の人びとは議員とは気づかない。被災者から「あなた、だれ！」と言われるのが精々である。そこで、議会人にはあらかじめ赤や黄色など、派手なビニール製のウインドブレーカーを作ることを勧める。背中に自治体名と「議員団」と大書する。そうすると、住民は地方議員が議会として救援活動をしていることを認知する。すでに、こうした取り組みをはじめた自治体議会もある。要するに、個人ではなく議会として危機に対応していることを住民に理解し、認知してもらうことが重要である。ただ、住民が議会人に期待する役割は、県議会議員と市議会議員では内容が異なる。県議会議員については、「災害情報の入手と住民の安否確認」に関する活動に住民の期待が集まる（61.6％）。それに

続くのが、「支援物資の分配」である（16.02％）。一方、市議会議員になると、「避難所を回って、住民の相談に乗ること、助言すること」に期待値が高い（39.36％）。これに、「被害情報の収集や住民の安否確認」（31.07％）が続く。

　どうやら、住民は市議会議員を身近な存在と見ているに思える。この点は行政職員や県議に対する見方とは異なる。注目すべき重要な格差であるが、住民が市議会議員に求める相談や助言は、自治体職員が苦手とする活動である。住民や被災者が持ちかける相談や、彼等が必要とする助言は、自治体の事務範囲を超える事案、そうでなければ先例のない課題になることが多いからである。避難所を例にすると、避難所で過ごす住民と外部で暮らす人びととの間で、しばしば確執が生まれることがある。一方では、自宅が全壊し避難所での生活を余儀なくされている住民がいる。その一方には、被害を免れ自宅で生活を続ける人びとも少なくない。しかし、

自宅生活でも電気は点かない、水道などのライフラインは機能不全に陥っているのが普通である。食事を作ることや風呂を沸かすこともできない。自宅生活者も仕方なく避難所に出向き、救援物資や飲料水の配分を受ける。

それを避難所生活を余儀なくされる人びとは、必ずしも快く思わない。彼等の目からすると、自宅生活者は被害を逃れたラッキーな人たちである。にも関わらず、救援物資の配給だけは受け取りにくる、手前勝手な人びととみなされる場合が多々ある。両者の間に溝が生まれるが、住民間で発生する紛争や対立は、混乱の激しい災害時では大量化すると同時に多様化する。行政の手には負えない難問が幾何級数的に増える。そうした住民間の対立を処理できるのは議会人以外にはない。自治体職員では荷が勝ちすぎる。どちらの味方にもつけない中立的立場を保つのが公務員の職務だからである。災害時には、自治体職員に代わって地方議会人が個人として、あるいは、議会として対立する住民の間に立ち、両者の言い分を聞く。それに合わせ、双方が抱く誤解を解く努力を重ねる。行政職員では解決できない紛争に仲立ちをし、当時者に助言や代案を提示する。災害発生時においては議会人だけができる重要な支援活動と考えられる。

危機管理は基本的には行政の責任である。ただ、議会人にもいくつか果たすべき機能がある。なかでも、発災後に表面化する諸問題への対応がもっとも重要な議員活動と考えられる。災害対応の中心は行政であるが、行政部だけで多岐にわたる問題はカバーできない。日本の自治体行政は法律を重視し公平性に重点を置くという特徴が強い。それだけに例外や非ルーチン化した事案への対処は苦手である。災害が発生した事後の状況では、住民の間や被災者のなかで対立や紛争が間断なく起こる。避難所におけるタバコをめぐる対立、ペットをめぐる紛争、それ

に避難所で生活を余儀なくされる人びとと外部で生活する住民との確執、さらには、ボランティアとそれを忌避する高齢者世帯など、行政の守備範囲を超える問題の種はつきない。

こうした各種の対立に自治体行政が関与することはできない。介在すれば対立する2つのグループから、同時に行政を非難する大合唱が上がるからである。非常時に発生する予想外の難題に当たるのは、行政ではなく政治ルートである。地方議員が対立する住民のアンパイヤーとして、もっとも適任である。住民が議員に助言を求め、相談にのることを期待しているのは、そのなによりの証拠である。地方議員が危機管理で果たすべき役割は、行政にはできない、あるいは、関われない住民間の様々な難題に介在し、例外や不規則な事案を正規の行政ルートに乗せることである。その点で、住民は地方議会人に重く大きい期待をかけていると考えられる。

おわりに

本章は、危機管理と呼ばれる政策分野で、地方議会人の果たすべき役割につき検討してきた。この問題を考えるに当たって、ここでははじめに住民に注目した。日本の住民は公助への依存度が高く、自助意識が低いというのが、本章の結論になった。この先、住民を対象に危機管理教育を展開し、自治意識の向上を図る必要があるが、小論はこれに地方議会人の参画が期待されると説明してきた。その一例に、後援会や自治会などを利用しながら、議員が様々なタイプの図上訓練をはじめる可能性を挙げた。そのほかにも、議員を中心に地元の住民を巻き込み自主防災組織を起こすことも考えられる。事前準備という側面で地方議員の果たすべき役割は、まだまだいろいろな形がある。可能性には際限がな

い。議員のこれからの活動に期待が集まる。

　続けてここでは、自治体行政部の危機対応策を解析してきた。それを素材に地方議会の機能を考えるのが、本章のもう一つの大きな目的になった。所論は、自治体職員の優秀性を指摘し、彼等の平常事務、つまりルーチン化した仕事のこなし方がきわめて優れていることをくり返し素描してきた。ところが、職員は例外に弱く、不規則な事案をさばくことが苦手であるという欠点を持つ。それは、日本の地方行政が法律を重視し、公平性にアクセントをおいた事務執行を進めてきたからである。住民を等しく扱うためには、法律というルールに従う必要がある。ルールにない例外は認めないのが、日本の地方行政の利点であり、欠点ともなってきた。危機状況では、例外が多く、ルール・ブックにない出来事が限りなく大量に増える。自治体職員はそれら想定外の課題対応に翻弄される一方、住民からは彼等の杓子定規な対応に批判が集まる。小論では、柔軟性に欠ける行政の対応を補完するのが、議員の責任であることを論証した。ことに市議会について、住民は相談できる議員、助言をくれる議会を期待していることを明らかにした。

　それらを相前後させながら、本章は危機管理に関わる議会の役柄を詳述してきた。最近、地方議会のなかで行政部とは異なる独自の議会版の災害防止条例や要綱を作るところが出てきた。また、議会を軸に業務継続計画を準備する議会も増加している。大分市などがその好例になるが、地方議員の間でもようやく安心と安全が政治的に重要な争点として認知されてきた様子である。ただ、議会が作る災害防止条例や要綱、それに BCP などは、あくまでも議会対象の内容にすること、それに行政の施策に相反する中身にならな

いことが重要である。危機状況のなかでは、行政部が市民対応に専従するが自治体職員でカバー仕切れない部分も出る。また、住民の間で行政の守備範囲を超える紛争が起こる可能性もある。議会の危機対応は、行政部で対応できない事案、あるいは、執行部でやるべきでない案件などに目を向けることである。小論は、議会が注目すべき事例として女性、外国人、それに高齢者への対応、さらには、避難所で起きる被災者間のトラブルの解決などに言及した。

　危機管理は想像されるほどむずかしい政策課題ではない。危機管理はつきつめればヒトの問題である。議員を含む住民や公務員、それぞれが危機に関して「認識」を高め、それを「意識」し、危機管理に関する「知識」を深めることが、危機管理の鉄則になる。多額の費用をかけて立派な施設をつくり、すばらしい機材を導入しても、それらを動かすのはヒトである。それがしっかりしないと、折角の投資は台なしになる。危機管理が究極的にはヒトの問題というのは、そのためである。その意味でも、地方議会人の役割はきわめて重要である。議員には災害が発生する以前の事前準備の段階で、さまざまな教育活動を展開することが望まれる。議会として住民を対象に自助や共助が重要であることを啓蒙する教育プログラムをはじめる。場合によっては、議会自らが NPO などの自主防災組織をつくり、地域の安心と安全の向上にとり組む。発災後については、被災者が避難所で生活をはじめるころや行政対応が本格化した時期に議会人の出番がくる。そのころになると、被災者から様々な要望が噴出し、行政はそれら難題の対応に忙殺される時間に入る。住民のなかから行政対応になじまない争い、あるいは意見対立が顕在化しはじめる。政治ルー

トでの解決を求める要望が住民から上がるのは、このころに一致する。地方議会、地方議員の活躍の場は、こうして生まれる。それら一連の経過が示唆するとおり、行政優先の危機管理の分野でも、地方議会には様々な形でそれに貢献する道が残されている。ごく簡単に言うと、議会がこの政策分野で活動できるか否かは、最終的には議員自身の創意と工夫にかかっていると言うべきなのである。

注

[1] 岐阜県防災課「災害図上訓練　DIG（Disaster Imagination Game）指導者の手引き」（平成24年2月改訂）が参考になる。
http://www.pref.gifu.lg.jp/bosai-bohan/bosai/bosaitaisei/jishu-soshiki/dig.data/24tebiki.pdf
[2] たとえばUS Today 2011年3月12日参照。

参考文献

大分市議会、2015 年、「災害発生時の定例会における議案審議継続のための業務継続計画」ほか。

総務省、2010 年、「地震発災時を想定した業務継続体制に係わる状況調査結果」。

都市行政問題研究会、2012 年、「〈都市における災害対策と議会の役割〉に関する調査結果」。

中邨章・幸田雅治（編著）、2006 年、『危機発生後の 72 時間』、第一法規。

中邨章・牛山久仁彦（編著）、2012 年、『政治・行政への信頼と危機管理』、芦書房。

中邨章・市川宏雄（編著）、2014 年、『危機管理学』、第一法規。

西村 弥、2012 年、「自治体における業務継続計画（BCP）の現状と課題」『危機管理レビューVol.1 地方自治体の危機への備え—業務継続計画、組織間協力、中間支援組織—』財団法人日本防火・危機管理促進協会、pp. 1-28。

西村 弥、2014 年、「自治体の業務継続計画（BCP）における『連携』の重要性」『危機管理レビューVol.5 応急対応と事前準備—危機管理政策の 2 つの局面における現状と課題—』一般財団法人日本防火・危機管理促進協会、pp. 69‐85。

2 3.11以後の地域防災計画
－地域防災計画の実用的な運用を求めて－

公益財団法人 たばこ総合研究センター（TASC）研究員　飯塚　智規

1. はじめに

2014年12月19日、政府の地震調査研究推進本部が、今後30年以内に震度6弱以上の揺れに見舞われる確率を示す、最新の全国の地震動予測地図を公表した（図1）。北海道、関東一帯、東海から近畿、そして四国と太平洋側が真っ赤に染まっていることが分かる。これら地域は、今後30年以内に、震度6弱以上の揺れに見舞われる確率が26%以上の地域となっている。もう少し詳しく見てみると、都道府県庁所在地の市庁舎周辺で確率が最も高いのは、横浜市の78%であり、千葉市は73%、水戸市と高知市の70%と続く。東京都庁でも、震度6以上の揺れに見舞われる可能性は46%となっている[1]。

こうした大災害を引き起こす地震の発生確率が急激に高まっていることもさることながら、震災ではなくても、毎年、ある程度の規模の災害が発生している。2014年を振り返っても、8月には平成26年8月豪雨による広島市の土砂災害、9月の御嶽山の噴火といった災害が主だったものとして発生している。もはや毎年、日本の何処かで何かしらの災害が発生し多くの死傷者を出し、被災者の生活環境を破壊し、彼らの日常を失わせているのである。今、自治体の地域防災計画には、あらゆる災害に対応できるだけの柔軟性と、大規模な被害が想定される特定災害に対して、どれだけの対応能力を有しているのかが求められていると言えよう。

そこで本論文では、次の3つの視点から地域防災計画について検討していきたい。第一に指摘することは、災害法制の問題点である。災害法制は、一般法である災害対策基本法と、多くの特別法から構成されている。特別法は一般法に優先するという原則がある。例えば、災害発生時の被災者救助や避難所運営といった災害救助に関する内容については、一般法である災害対策基本法の内容よりも特別法である災害救助法が優先される。こうした一般法と特別法の関係が、地域防災計画の実効性の障害になっていることを指摘したい。

第二に、2011年3月11日に発生した東日本大震災を受けて、各自治体は地域防災計画をどのように改正したのかを概観する。消防庁の2011年の調査によれば、47都道府県のうち37団体が3.11以後に地域防災計画を修正しており（うち22団体は、さらなる修正を検討している）、残り10団体も修正を検討している。また津波被害が想定される569の沿岸部市町村のうち、160団体が地域防災計画を修正しており（うち95団体は、さらなる修正を検討している）、396団体が修正を検討している[2]。3.11から4年が経過しようとしている中で、地域防災計画の何が修正されたのだろうか。地域防災計画の修正の内容や特徴を整理していく。

第三に、今後の地域防災計画に求められる災害対策の標準化と個別化について説明する。3.11以後、内閣府や消防庁では地域防災計画の改定に向けて、様々な動きを見せた。例えば、特定の災害にこだわらず、あらゆる災害に対策できる体制を目指した検討会（内閣府の災害対策標準化検討会議）が開かれた一方で、津波災害に対する対応を強化する検討会も開かれた（消防庁の津波避難対策推進マニュアル検討会）。こうした動きは、行政の災害対策の標準化と個別化が両面から行われようとしている証左である。この二つの動きの内容と、それらに自治体がどのように対応しなければならないのか検討する。

最後に、これらを受けて、地域防災計画の運用に関して私見を述べる。地域防災計画を

図1　確率論的地震動予測地図：確率の分布（今後30年間に震度6弱以上の揺れに見舞われる確率）

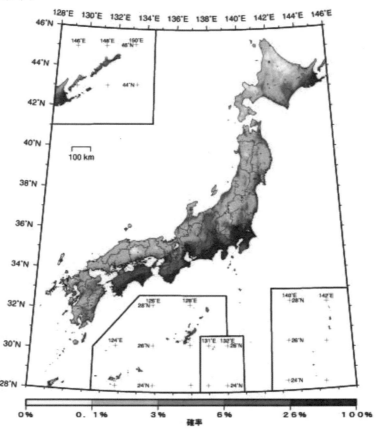

出典：「全国地震動予測地図 2014年版～全国の地震動ハザードを概観して～」
（http://www.jishin.go.jp/main/chousa/14_yosokuchizu/honpen.pdf）

策定することが自治体職員にとって重労働であることは確かであろうが、残念ながら計画を策定すること自体は、さほど重要ではない。計画は実行されてこそ真の効果を発揮できるのである。そこでRG-PDCAサイクルに基づき、地域防災計画の運用を考えていきたい。つまり、災害法制・地域防災計画修正内容・災害対策の標準化と個別化の3点から、3.11以後の地域防災計画の課題を検討し、地域防災計画の実用性を高めることを目指すのが本論文の目的である。

2．災害法制と地域防災計画

災害法制と防災事業

　災害法制においては、一般法が災害対策基本法にあたり、特別法が災害対策基本法以外の災害に関連する法律となる（表1）。一般法は広く普遍的に適用されるのに対し、特別法は制限的に適用され、一般法に優先するという原則がある。従って、被災者救助や避難所運営などは、一般法である災害対策基本法の理念や内容よりも、特別法である災害救助法の内容が優先される。

　災害予防・災害応急対策・災害復旧ごとに、災害法制と防災事業の関係を見てみると、以下のことが特徴付けられる[3]。災害予防事業に

表1　災害予防・災害応急対策・災害復旧に関する特別法の一覧

「防災」事業	特別法
災害予防	1. 砂防法 2. 建築基準法 3. 森林法 4. 特殊土壌地帯災害防除及び振興臨時措置法 5. 気象業務法 6. 海岸法 7. 地すべり等防止法 8. 台風常襲地帯における災害の防除に関する特別措置法 9. 豪雪地帯対策特別措置法 10. 河川法 11. 急傾斜地の崩壊による災害の防止に関する法律 12. 活動火山対策特別措置法 13. 地震防災対策強化地域における地震対策緊急整備事業に係る国の財政上の特別措置に関する法律 14. 地震防災対策特別措置法 15. 建築物の耐震改修の促進に関する法律 16. 密集市街地における防災街区の整備の促進に関する法律 17. 土砂災害警戒区域等における土砂災害防止対策の推進に関する法律 18. 特定都市河川浸水被害対策法
災害応急対策	1. 災害救助法 2. 消防法 3. 水防法
災害復旧	1. 森林国営保険法 2. 農業災害補償法 3. 住宅金融公庫法 4. 農林水産業施設災害復旧事業費国庫補助の暫定措置に関する法律 5. 中小企業信用保険法 6. 公共土木施設災害復旧事業費国庫負担法 7. 公営住宅法 8. 漁船損害等補償法 9. 農林漁業金融公庫法 10. 鉄道軌道整備法 11. 公立学校施設災害復旧費国庫負担法 12. 天災による被害農林漁業者等に対する資金の融通に関する暫定措置法 13. 空港整備法 14. 小規模企業者等設備導入資金助成法 15. 激甚災害に対処するための特別の財政援助等に関する法律 16. 漁業災害補償法 17. 地震保険に関する法律 18. 防災のための集団移転促進事業に係る国の財政上の特別措置等に関する法律 19. 災害弔慰金の支給等に関する法律 20. 被災市街地復興特別措置法 21. 被災区分所有建物の再建等に関する特別措置法 22. 特定非常災害の被害者の権利利益の保全等を図るための特別措置に関する法律 23. 被災者生活再建支援法

出典：飯塚智規（2014）「災害法制と災害対策基本法の改正にみる地域防災計画の課題」一般財団法人 日本防火・危機管理促進協会『危機管理レビューVol.5 応急対策と事前準備—危機管理政策の2つの局面における現状と課題』p.52。

おいては、各種防災施設や公共施設の整備といったハードの側面が、表1のように多くの特別法に委ねられている。そのため災害対策基本法においては、「災害予防に関しては災害応急対策を実施する前提としての主にソフト面での対策に限定して規定しており、予防対策、とりわけハード面での対策については既存の法体系や掌握事務に大きな変更を加えていない」[4]。従って、地域防災計画における「予防対策、特にハード面での対策は内容が概して貧弱で、かつ、各部局が作成した部門別計画の既存事業の寄せ集めに過ぎないものが多い」と指摘されている[5]。

災害応急対策については、災害対応の現場は市町村が、現場の支援や連絡調整は都道府県が、というように役割分担がなされている。しかし被災者への救済・保護に関しては、役割分担が曖昧となる。災害救助法では、被災者への救済は都道府県が実施責任を負っている。そのため、現場の市町村と後方支援の都道府県とで被災者対応にねじれが発生してしまう。特に災害救助に係る 10 項目については、災害現場の市町村が自主的な判断で弾力的に運用することができず、その運用基準や運用の判断は、厚生労働省や都道府県知事に委ねられている[6]。従って、災害応急対策に関しては、災害救助法の内容が大きく改正されない限り、被災者対応に関する災害応急対策が充実することは困難であると言える。

そして災害復旧では、被災者生活再建支援法や災害弔慰金の支給等に関する法律といった一部の法律を除き、ほとんどの災害復旧に関する特別法では被災者への対応に関する事項が少ない。また復旧以後の復興については何も規定がない。そもそも復旧と復興とは明確に区別できるものではなく、時間的連続性のもとに行われるものであり、住まい環境、雇用、医療・教育環境の回復による被災者の生活の再建、地域の防災・減災環境の整備、地域経済や地域社会の再生、が復興には必要不可欠である。しかし、こうした復旧の先にある復興の問題は災害対策基本法では想定されていない。

以上のように、災害法制においては、一般法である災害対策基本法は多くの特別法による縛りがある。そのため災害予防・災害応急対策・災害復旧いずれの防災事業においても、その内容が総花的・抽象的で具体性に欠け、数値目標や達成計画が示されず、その進捗状況をチェックする仕組みがない、または個々の防災・災害対応マニュアルが防災計画の中に位置づけられていない、といった課題が指摘されることになる[7]。こうした課題を抱えたまま、地域防災計画は東日本大震災の教訓を踏まえて、その内容を修正していくことになる。

３．3.11 以後の地域防災計画の修正状況

東日本大震災からすでに 4 年が経過しようとしている。この震災を受けて、地方自治体においては地域防災計画の修正が求められており、すでに修正が終了している団体も出てきている。第 3 章でまた述べるが、南海トラフ巨大地震や首都直下地震、津波災害に関する法律が成立したことも受けて、地域防災計画の修正内容が多岐に渡ることが予想される。それでは、地域防災計画の修正は、どのような状況であろうか。また修正内容は、どのようなものであろうか。

３．１．3.11 直後の地域防災計画の修正状況

東日本大震災の発生から 2 か月後の 2011

図2　緊急点検通知の概要

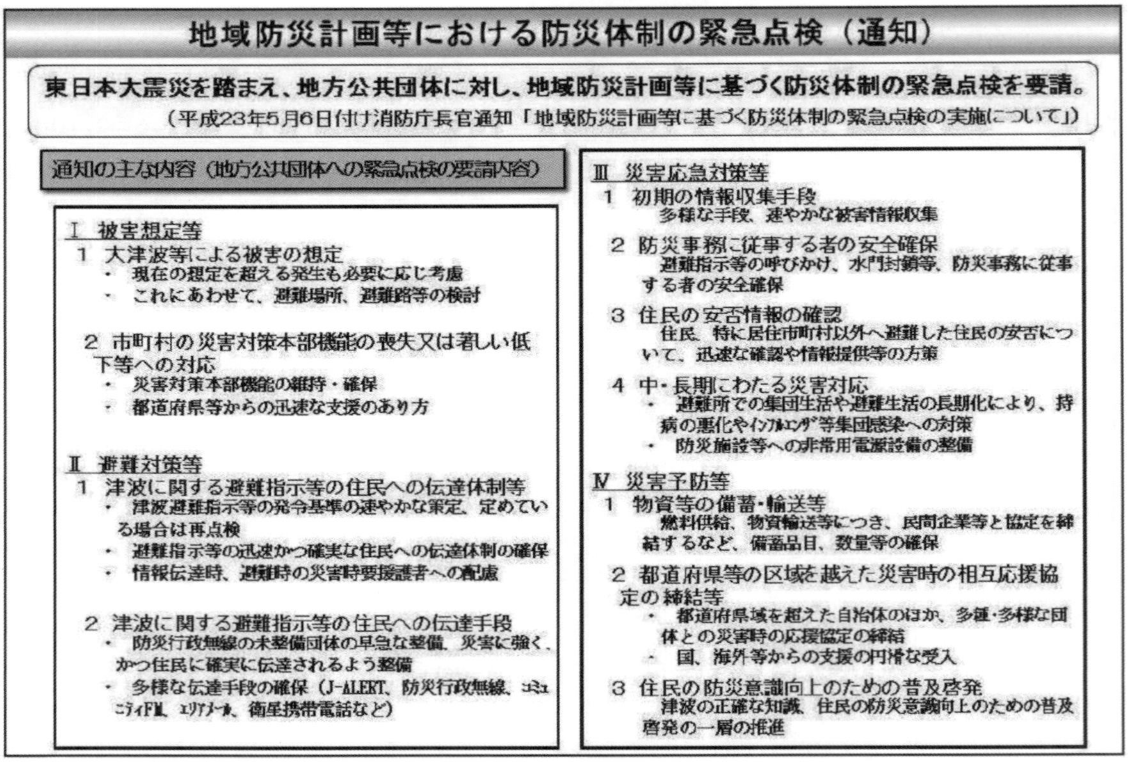

出典：消防庁国民保護・防災部防災課（2011）「地域防災計画における地震・津波対策の充実・強化に関する検討会報告書」p.8。

表2　都道府県の東日本大震災を踏まえた地域防災計画の見直しに係る主な検討課題

見直しに係る主な検討課題	団体数	割合
被害想定の見直し	27	73%
市町村への支援体制の整備	30	81%
被災者の支援体制の整備	32	86%
備蓄物質のあり方	29	78%
市町村等への情報伝達手段の整備	27	73%
日常的な住民への防災知識の普及、防災教育のあり方	33	89%
津波浸水予測図の整備・活用のあり方	21	57%
その他	20	54%

出典：消防庁国民保護・防災部防災課（2011）「地域防災計画における地震・津波対策の充実・強化に関する検討会報告書」p.134。

表3　市町村の東日本大震災を踏まえた地域防災計画の見直しに係る主な検討課題

見直しに係る主な検討課題	団体数	割合
被害想定の見直し	474	83%
避難場所、避難路の確保	487	85%
避難指示等の住民への伝達手段の整備	307	54%
避難指示等の伝達方法のあり方	280	49%
災害時要援護者の避難のあり方	362	63%
日常的な住民への防災知識の普及、防災教育のあり方	278	49%
ハザードマップの整備・活用のあり方	340	59%
その他	52	9%
回答無し	12	2%

出典：消防庁国民保護・防災部防災課（2011）「地域防災計画における地震・津波対策の充実・強化に関する検討会報告書」p.172。

年5月6日の段階で、消防庁は消防庁長官通知として「緊急点検通知(正式名称は「地域防災計画等に基づく防災体制の緊急点検について」)」を各都道府県知事宛に出している。これは、東日本大震災を踏まえ、地方公共団体に対し、地域防災計画に基づく防災体制の緊急点検の要請であり、その内容を大別すると①被害想定、②避難対策、③災害応急対策、④災害予防の4点となる(図2)。

その後、消防庁国民保護・防災部防災課が2011年8月に実施した都道府県・沿岸市町村アンケート調査では、44都道府県(東日本大震災の主要被災地である岩手県・宮城県・福島県は除く)と、海岸線を有し津波被害が想定される622市町村(これも被災3県内の沿岸部市町村は除く)に、地域防災計画及び津波被害想定の見直し作業の実施状況等に関して質問している(回収率は、都道府県が100%、市町村が94.5%)[8]。その結果、都道府県については37の団体が、市町村では130の団体が東日本大震災の発生から5か月の間で地域防災計画の見直しを開始したと答えている。また見直しを予定していると回答した自治体は都道府県で7団体、市町村で442団体となっている。

見直しの内容について都道府県の検討課題を見てみると、8項目のうち6項目で「見直しを行う予定」と答えた団体が7割を超えていた(表2)。一方、市町村のものを見てみると「被害想定の見直し」と「避難場所・避難路の確保」については「修正を行う予定」と答えた団体が8割を超える結果となった(表3)。

「緊急点検通知」の内容も踏まえて上記の地域防災計画の見直し内容を考察すると、広域自治体である都道府県には、都道府県下の市町村に対する支援や情報伝達体制・手段を整備して、市町村のバックアップ体制を十分に構築することが求められている。また市町村においては、特に避難に関する内容(「避難場所、避難経路の確保」・「避難指示等の住民」・「避難指示等の伝達方法のあり方」)が検討課題となっており、より災害現場に近い行政組織として住民対応にあたることができるようにしておくことが求められている。

3．2．2011年度、2012年度の地域防災計画の修正状況

消防庁の『地方防災行政の現況』では、47都道府県と1,742市区町村を対象に地域防災計画の修正状況等の調査を行っている(表4)。平成23年度は47都道府県中30団体が34回の修正を、1,742市区町村中468団体が496回の修正を行っている。一方、平成24年度は47都道府県中39団体が48回の修正を、1,742市区町村中841団体が905回の修正を行っている。この2年間で地域防災計画を修正した都道府県団体数は、47都道府県中45都道府県であり、東日本大震災以降、ほとんどの広域自治体において地域防災計画が修正されている[9]。一方、市区町村については、未だ半数程度の基礎自治体でしか改正が進んでいない状況にあり、平成23年度で全市区町村の26.9%、平成24年度で全市区町村の48.3%が修正を行った。質問は、あくまでも調査年度における修正回数を聞いているため、両年度を合わせれば、必ずしも半数未満であるとは限らないが、それでも基礎自治体レベルでは、地域防災計画の修正状況にバラつきがあると言えよう。

表 4　地方公共団体の地域防災計画修正状況

		平成 23 年度		平成 24 年度	
		都道府県	市区町村	都道府県	市区町村
地域防災計画の修正団体数		30 団体	468 団体	39 団体	841 団体
地域防災計画の修正回数		34 回	496 回	48 回	905 回
修正理由	(a)防災アセスメントの実施	6 団体	14 団体	14 団体	54 団体
	(b)防災ビジョンの記載	5 団体	25 団体	5 団体	84 団体
	(c)災害予防対策計画の見直し	25 団体	265 団体	36 団体	588 団体
	(d)災害応急対策計画の見直し	25 団体	267 団体	36 団体	589 団体
	(e)地区別防災カルテの作成	—	48 団体	—	106 団体
	(f)その他	14 団体	259 団体	14 団体	382 団体
修正内容	(g)防災体制の組織・運営	27 回	295 回	36 回	619 回
	(h)防災知識普及啓発	19 回	136 回	33 回	432 回
	(i)物資の備蓄	16 回	168 回	30 回	456 回
	(j)防災施設等の整備	23 回	150 回	28 回	415 回
	(k)災害発生危険箇所	15 回	179 回	15 回	366 回
	(l)g~k 以外の災害予防対策	19 回	158 回	28 回	395 回
	(m)情報連絡体制	24 回	255 回	40 回	580 回
	(n)避難・救護対策	24 回	224 回	43 回	594 回
	(o)緊急輸送対策	15 回	101 回	33 回	355 回
	(p)m~o 以外の応急対策	19 回	136 回	28 回	360 回
	(q)災害復旧・復興	20 回	109 回	31 回	381 回
	(r)字句、数字等の軽微な事項	28 回	360 回	40 回	627 回
	(s)その他	9 回	107 回	9 回	231 回
特定災害対策に係る修正	(t)地震災害対策の修正	27 回	219 回	33 回	504 回
	(u)風水害対策の修正	19 回	171 回	27 回	382 回
	(v)火山災害対策の修正	9 回	22 回	12 回	63 回
	(w)原子力災害対策の修正	12 回	35 回	28 回	210 回
	t~w 以外の特殊災害対策	8 回	36 回	13 回	118 回

※修正理由は団体数、修正内容及び特定災害対策に係る修正は延べ回数である。
出典：総務省消防庁『地方防災行政の現況』平成 23 年度版と平成 24 年度版をもとに筆者作成。

　修正理由を見ると、都道府県については、「災害予防対策の見直し」と「災害応急対策の見直し」が、平成 23 年度・平成 24 年度ともに、最も大きな修正理由となっている。また修正内容に関しては、13 項目について修正回数を聞いている。地域防災計画の修正回数を 100 とした時、各修正内容の修正回数の比率がいくつになるかを見たところ、平成 23 年度と平成 24 年度ともに 6 割以上にも上るものは、「防災体制の組織・運営」、「情報連絡体制」、「避難・救護対策」の 3 つである（「字句、数字等の軽微な事項」を除く）（図 3）。

　前述の「都道府県・沿岸部市町村アンケート調査」においても、29 都道府県が「市町村等への情報伝達手段の整備」を見直す予定としていることから、平成 23 年度においては、情報連絡体制・伝達手段の整備が国・都道府県ともに問題意識として特に強かったものと考えられる。また平成 24 年度においても、地域防災計画の修正回数と各修正内容の修正回数の比率を見ると、「災害発生危険箇所」と「その他」以外の項目を除き、多くの都道

図3 都道府県における地域防災計画の修正回数に対する各修正内容の修正回数比率

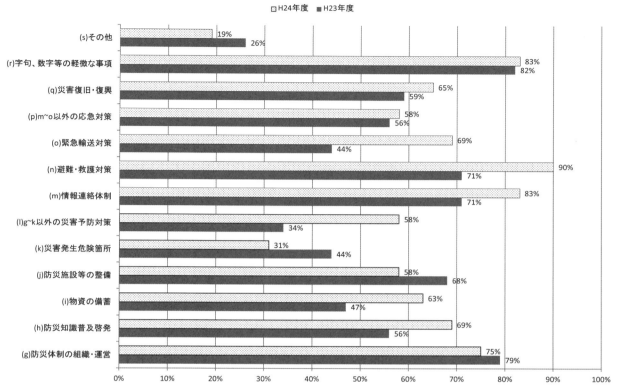

出典：総務省消防庁『地方防災行政の現況』平成23年度版と平成24年度版をもとに筆者作成。

図4 市区町村における地域防災計画の修正回数に対する各修正内容の修正回数比率

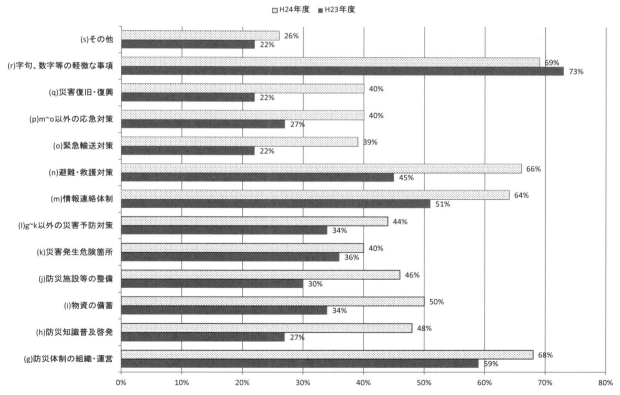

出典：総務省消防庁『地方防災行政の現況』平成23年度版と平成24年度版をもとに筆者作成。

府県で広範にわたって地域防災計画の見直しが行われていることが分かる。これは東日本大震災から1年が経過し、当時の行政対応の反省点が明らかにされてきたことが理由として考えられよう。

市区町村の地域防災計画修正理由についても、災害予防対策と災害応急対策が修正理由として大きな比重を占めている。平成23年度・平成24年度とにも地域防災計画の修正を行った団体の半数以上が、災害予防対策と災害応急対策の見直しを行っている。一方、修正内容についても、都道府県のそれと同様に「防災体制の組織・運営」、「情報連絡体制」、「避難・救護対策」の修正回数が、平成23年度・平成24年度ともに他の項目よりも多い（「字句、数字等の軽微な事項」を除く）。また地域防災計画の修正回数と各修正内容の修正回数の比率を見ると、平成24年度は「字句、数字等の軽微な事項」を除き、いずれも平成23年度より修正回数の比率が上がっており、全体的に地域防災計画の内容の見直し・修正が行われていると考えられる（図4）。その中でも、「防災知識普及啓発」と「避難・救護対策」については、前年度比21%上昇しており、特に修正回数が増えている項目である。これは、災害対策基本法の平成24年度改正内容である被災者対応の改善や教訓伝承が関係しているものと考えられる。

また表3の「特定災害対策に係る修正」を見ると、都道府県も市区町村も、平成23年度・平成24年度ともに「地震災害対策」と「風水害対策」が、特に見直されている。「原子力災害対策」についても、都道府県・市区町村ともに平成23年度から平成24年度にかけて地域防災計画の修正回数に対する「原子力災害対策」の修正回数比率が増えており（都道府県：35%→58%、市区町村：7%→

23%）、見直しの動きが進んでいると言えよう。

4．災害対策の標準化と個別化

4．1．災害対策の標準化

3.11以後の行政の災害対策に関する動きとして、平成24年度と平成25年度の災害対策基本法の改正や、上述の地方自治体における地域防災計画の修正の他に、もう一つ重要な動きがある[10]。それは災害対策の標準化と個別化である。内閣府が2014年3月に公表した『災害対策標準化検討会議報告書』によれば、災害対策の標準化とは「自治体、事業者、自主防災組織やNPO法人など様々な団体が活動する災害時において、各機関の連携が円滑に行われ、全体として効率的な活動が行われるように、災害の大小に関わらず適用することができる」ように、災害対応業務を定型化することである[11]。

災害対応業務の定型化のための取り組みとしては、「標準化の推進のための災害対策標準化ガイドラインを策定し、災害対応主体等の実情に応じその普及啓発を図るとともに、必要に応じ、順次、法令・防災計画に反映させる等により、災害対策の標準化推進を図る」こととしている[12]。具体的な中身を簡潔にまとめて羅列すると、①災害リスクの分析やシナリオ、それらに関連した業務継続計画（BCP）の作成、②災害フェーズ、つまり時間経過に応じた災害対応業務プログラムの作成、③災害レベル・災害フェーズ・災害対応ニーズに則した災害対応方針・体制の整備、④災害情報に関するデータの収集・記録・整理・共有・分析・評価・活用（のためのシステム構築）や用語の統一、⑤災害時における職員や物資の確保の体制、⑥「⑤」に

図5　危機管理事案発生時の業務継続計画（BCP）策定状況

	都道府県	指定都市	中核市	特例市	特別区	一般市	町	村	市町村合計
大規模地震等の自然災害を対象とする業務継続計画を策定している	60%	40%	36%	28%	91%	14%	9%	6%	13%
新型インフルエンザに対応した業務継続計画を策定している	70%	80%	57%	48%	87%	25%	10%	4%	19%
いずれも策定していない	13%	15%	29%	40%	0%	66%	83%	90%	73%

出典：内閣府（2013）『災害対策標準化に係る検討報告書』p.13。

図6　BCPまたはその他計画において、被災時に継続する業務の優先順位及び中断する業務の設定状況

		都道府県	指定都市	中核市	特例市	特別区	一般市	町	村	市町村合計
優先順位	設定している	79%	75%	69%	50%	91%	27%	14%	8%	22%
	設定していない	21%	25%	31%	50%	9%	73%	86%	92%	78%
中断業務	設定している	60%	75%	62%	45%	87%	22%	9%	3%	17%
	設定していない	40%	25%	38%	55%	13%	78%	91%	97%	83%

出典：内閣府（2013）『災害対策標準化に係る検討報告書』p.13。

図7　危機管理専門幹部の配置

	都道府県	指定都市	中核市	特例市	特別区	一般市	市区合計
配置している	100%	100%	79%	63%	83%	29%	36%
配置していない	0%	0%	21%	38%	17%	71%	64%

出典：内閣府（2013）『災害対策標準化に係る検討報告書』p.72。

図8　危機管理担当部署の組織規模

	都道府県	指定都市	中核市	特例市	特別区	一般市	町	村	市町村合計
課・室レベル以上で設置	100%	100%	95%	90%	100%	64%	19%	11%	41%
局・部レベルで設置	47%	75%	26%	33%	39%	6%			5%
課・室レベルで設置	53%	25%	69%	58%	61%	58%	19%	11%	36%
係・班レベルで設置	0%	0%	5%	8%	0%	26%	40%	21%	30%
部署としては設置せず専任職員を配置		0%	0%	3%	0%	2%	5%	5%	4%
部署としては設置せず兼任職員を配置		0%	0%	0%	0%	7%	36%	63%	25%

出典：内閣府（2013）『災害対策標準化に係る検討報告書』p.72。

関連した自治体間等の支援・受援体制の構築・協定の締結、⑦自主防災組織等の民間組織との連携、⑧PDCAサイクルを活用した各種計画・訓練の実施と見直し、である[13]。

ただし、いずれの内容も以前から言われてきたことである。一般市や町村規模の自治体はともかく、都道府県や政令市・中核市・特例市・特別区といった大都市制度下の自治体では、BCPの策定や危機管理監・危機管理担当部署の設置などが進んでいるところであ

る（図 5,6,7,8）。それでは、これまでの取り組みが災害対策の標準化としてさらに発展するためには、何が求められるであろうか。『災害対策標準化検討会議報告書』にある上記 8 つの取り組みを進めれば、自ずと災害対応は標準化されるのであろうか。

『災害対策標準化検討会議報告書』では、「災害対応業務及びその手続き・実務の実施等について、体系的総合的かつ実践的な標準化が広く推進されることが必要不可欠であると考えられる」と述べ、「災害発生時等における災害対応を含む業務の実施・継続のあり方や、災害対応において繰り返し起こる定型的な業務についての標準的なプログラム、災害対応組織が有すべき基本的機能、更には災害対応を向上のための取組み等を明らかにし、関係者間で共有しておくことが重要である。これにより、決定権限者は、定型的な業務について、適時適切に対応すべく、当該プログラムに従って現場が実施するよう権限を委譲し、適宜その実施状況等の報告を求め、確認することで対処することが可能になる」という（傍点は筆者）[14]。また、「災害対応主体間の連携方法等についても標準化を進めておくことにより、活動主体間の適切な役割分担の下、各主体の人員リソース等を含め国内の災害対応資源をより有効迅速に活用することが可能となる。更には、標準化を進めることにより、被災地では、どういう対応を迫られているのか、他の自治体等はどう応援対応しているのか、といったことがある程度想定できるようになり、より効果的な対応も期待できるようになる」とも主張する（傍点は筆者）[15]。

私見であるが、これら個別の取り組みが、災害対策の標準化として昇華されるには、傍点部分である「体系的総合的」・「標準的なプ

ログラム」・「関係者間で共有」・「決定権限者」の 4 つがポイントであると思われる。つまり災害対策が標準化されるためには、個々の取り組みを一つの「体系的総合的」で「標準的なプログラム」の中に、全体マネジメントして関連づけていくことが必要となる。その際、プログラムが「関係者間で共有」されているのか、「決定権限者」が全体を俯瞰できているのかが重要となる。すなわち、全体マネジメントの中に自治体のみならず、事業者、自主防災組織や NPO 法人などが関わっているのか、また自治体の中でも、局や課の枠を超えた全体マネジメントが行われているのか、首長や危機管理監は各局・各課の動きや関係機関の動きを把握しているのかが求められるのである。南海トラフ巨大地震に備えて高知県の黒潮町では、町長の「犠牲者ゼロを目指す」という目標のもと、全町職員約 200 名が町民と合同での防災訓練に従事し、彼らとの話し合いのもと戸別の防災カルテを作成するなどの全庁的な取り組みが行われている[16]。こうした取り組みが、今後の災害対策標準化の取り組みのための参考事例となるだろう。

また『災害対策標準化検討会議報告書』の中では、災害対策標準化推進の基本方針として、「災害の種類、規模等を問わず、あらゆる災害に対して、防災関係機関等が必要な連携を確保しつつ、迅速かつ効果的効率的な災害対応の遂行に資するため、国、地方公共団体及び指定公共機関並びに企業、NPO、自主防災組織等において、組織機能、活動、コミュニケーション等幅広い観点から、ハード・ソフトを通じて、標準化を積極的かつ継続的に推進する」と述べている（傍点は筆者）[17]。従って、おそらく今後は、行政・民間団体問わず、ある程度の汎用性や共通性のある防災

計画を策定することが求められていくことになると推測される。災害の大小にかかわらない災害対応業務の定型化を目指すためには、各機関や各部署の動きの予測可能性を高めることが必要である。もし行政と民間団体の間で防災計画の汎用性・共通性が確保されれば、より体系的・総合的・標準的なプログラムが作成でき、関係各所との間で共有や俯瞰がしやすくなり、災害対策の標準化に寄与するだろう。

4．2．災害対策の個別化

こうした災害対策の標準化が試みられている一方で、個別の災害対策の強化も進められている。災害対策の個別化とは、近年の、津波防災地域づくりに関する法律（2011年12月14日制定）、南海トラフ地震対策特別措置法（2013年11月29日制定）、首都直下地震対策特別措置法（2013年11月29日制定）の制定といった、特定災害への対策強化である。これら法律の制定の契機も、やはり東日本大震災の発生であり、津波防災地域づくりに関する法律や南海トラフ地震対策特別措置法は、特に津波対策についての強化が、首都直下地震対策特別措置法は、特に首都・行政中枢機能の維持が主眼となっている。

例えば、津波防災地域づくりに関する法律は「将来起こりうる津波災害の防止・軽減のため、全国で活用可能な一般的な制度を創設し、ハード・ソフトの施策を組み合わせた『多重防御』による『津波防災地域づくり』を推進」することに狙いがある[18]。具体的には、国土交通大臣による基本指針の策定を受けて、都道府県知事が津波浸水想定を設定し、市区町村が津波防災地域づくりを総合的に推進するための計画（推進計画）を作成することが求められている。その際、推進計画の作成は、津波浸水想定に基づき都道府県が作成する津波災害警戒区域と津波災害特別警戒区域の指定も踏まえなければならない。また津波防護施設の整備については、実施主体が都道府県の事業については、総事業費が5,000万円以上、市区町村の事業については総事業費が2,500万円以上のものであれば、総事業費の1/2が補助される。

南海トラフ地震対策特別措置法は、南海トラフ巨大地震の発生により危惧される甚大な被害から「人命だけは何としても守るとともに、我が国の経済社会が致命傷を負わないようハード・ソフト両面からの統合的な対策の実施による防災・減災の徹底を図ること」を目的としている[19]。目的を達成するための総合的施策として、この法律では、南海トラフ地震防災対策推進地域と特別強化地域を内閣総理大臣が指定し、中央防災会議にて南海トラフ地震防災対策推進基本計画（基本計画）を作成、これを受けて推進地域や特別強化地域に指定された地方自治体でも、津波避難対策施設整備の目標や達成期間を定める南海トラフ地震防災対策推進計画（推進計画）を作成することが義務付けられている。その内容は主に以下の5項目である（同法第5条）。

一　避難施設その他の避難場所、避難路その他の避難経路、避難誘導及び救助活動のための拠点施設その他の消防用施設、その他南海トラフ地震に関し地震防災上緊急に整備すべき施設等で、政令で定めるものの整備に関する事項

二　南海トラフ地震に伴い発生する津波からの防護、円滑な避難の確保及び迅速な救助に関する事項

三　南海トラフ地震に係る防災訓練に関する事項

四　関係指定行政機関、関係指定地方行政機関、関係地方公共団体、関係指定公共機関、関係指定地方公共機関その他の関係者との連携協力の確保に関する事項

五　前各号に掲げるもののほか、南海トラフ地震に係る地震防災上重要な対策に関する事項で、政令で定めるもの

　首都直下地震対策特別措置法は、政府による首都直下地震緊急対策区域と首都中枢機能維持基盤整備等地区の指定と首都直下地震緊急対策推進基本計画・行政中枢機能の維持に係る緊急対策実施計画（政府業務継続計画）の作成を、都県には首都中枢機能維持基盤整備等計画・特定緊急対策事業推進計画・地方緊急対策実施計画の作成を、そして市区町村には首都中枢機能維持基盤整備等計画と特定緊急対策事業推進計画の作成を定めている。政府の取り組みは 2013 年度中に決定され、2014 年度より首都直下地震緊急対策区域と首都中枢機能維持基盤整備等地区の対象自治体では、各種計画の策定と実施が進められているところである。首都直下地震緊急対策区域は 1 都 9 県 310 市区町村に及ぶ。また千代田区、中央区、港区、新宿区の 4 区が首都中枢機能維持基盤整備等地区として指定されている。

　また自治体が作成する 3 つの計画のうち、首都中枢機能維持基盤整備等計画と特定緊急対策事業推進計画は、総理大臣の認定を申請できる。首都中枢機能維持基盤整備等計画は、ライフライン・情報通信システム・道路や公園等の公共施設の基盤整備、滞在者の安全確保のための避難経路や一時避難施設、備蓄倉庫等の整備を行うことが目的である。総理大臣により本計画が認定されれば、自治体はライフラインやインフラ施設の整備等基盤整備事業に係る開発許可等の特例、備蓄倉庫等の安全確保施設に係る都市再生特別措置法の適用等を受けることが可能となる。特定緊急対策事業推進計画は首都直下地震対策に必要な避難施設や建造物の整備促進を目的とした計画である。総理大臣の認定により、避難施設等についての建築基準法の特例や、補助金等交付財産の処分制限に係る承認の手続の特例等が受けられる。

　都県が作成する地方緊急対策実施計画については、首都直下地震緊急対策区域の都県知事が、その地域の実情を勘案しながら自らの判断において、首都直下地震対策に必要な事業を定めるものである。具体的には、①地震防災上緊急に実施する必要のあるもの（高層建築物・地下街・駅等の安全確保、工場集積地・石油や高圧ガス等の貯蔵所や製造上の改築・補強、交通インフラや河川・海岸堤防の耐震化等）、②建造物等について地震防災上実施する必要のあるもの（耐震化や不燃化、延焼の防止、避難路の確保、土砂災害や液状化対策等）、③災害応急対策及び災害復旧の円滑かつ的確な実施のために必要なもの（被災者の救難救助の実施、医療の提供、滞在者等への支援、電気・ガス・水道等の供給体制の確保、物資の流通の確保、通信手段の確保、ボランティアの活動環境の整備、海外からの支援の受入、応急仮設住宅の建設用地の確保、災害廃棄物の一時的な保管場所の確保等）、④住民等の協働による防災対策の推進、⑤防災訓練の実施、⑥津波防災に関する技術の研究開発、⑦津波対策、⑧その他、が該当する。この計画を作成する際には、都県の災害対策事業だけではなく、関係市区町村や民間事業者が行う対策事業についても計画の中に位置づけることが求められており、都県は関係

市区町村等の意見を聴き同意を得なければならない。また本計画は都県に作成義務があるわけではないものの、首都直下地震対策特別措置法第22条では「国は、関係都県に対し、地方緊急対策実施計画の円滑かつ確実な実施に関し必要な情報の提供、助言その他の援助を行うように努めなければならない」と記載されており、関係都県では計画の策定が求められることになるのは明らかであろう。

5. これからの地域防災計画

以上、災害法制、地域防災計画の改正状況、災害対策の標準化と個別化という3つの内容を見てきた。本章では、これらの内容から地域防災計画の課題と運用について検討していきたい。

5.1. 災害法制から見る地域防災計画の課題

災害法制は、一般法である災害対策基本法とそれに付随する多くの特別法によって構成されているのであり、防災事業の各規定は実際には各特別法に委ねられている。そのため、これら災害法制に基づき策定される自治体の地域防災計画が、総花的・抽象的で、数値目標や達成計画の具体性が無く、進捗状況をチェックすることもできないといった課題が発生してしまうことは、上述のとおりである。地方自治体の地域防災計画は、災害予防におけるハードの側面と災害応急対策以降の被災者対応の部分が、特別法の規定に委ねられているため、十分機能してはいないのである。そのため地域防災計画では、防災事業・災害対応の内容が並列的に羅列して記載しているに過ぎず、実行可能な事業しか記載されていなかったり、災害予防事業の内容相互間の優先順位がなかったりするのである[20]。

また地域防災計画は、災害予防計画と災害応急対策計画・災害復旧計画という性格の異なる二つの計画が同居しているところに特徴がある[21]。災害予防計画の目的は、その地域に相応しい災害予防策の確立である。そのために災害予防事業の優先順位や計画目標を立てて、着実に予防事業を実行していくことが求められる。一方、災害応急対策計画と災害復旧計画は、災害発生時からその後までに行われる各部署や多様な行動主体の行動内容と役割分担が定められた、一種のアクションプランである。そして、もっぱら地域防災計画の中で重点が置かれているのは後者の方である。

しかしアクションプランとは言いながら、実際はアクションプランとも言い難い内容となっている。アクションプランであるならば、災害発生時の課題や目標を設定し、それを踏まえて現状分析を行い、誰が何をいつまでに施策として行うのかが示されなければならない。それにもかかわらず、災害応急対策計画では、「現在の体制でどこまでのことができるのか」が示されなければならないのに、実際には、「単に、それぞれの応急対策主体は『災害時にこれこれこういうことを行う』ということが記述されているに留まっている」に過ぎないのである[22]。このように地域防災計画は、特別法の規定により身動きが取れない災害予防計画と、アクションプランになっていない災害応急対策計画・災害復旧計画から成り立っているところに問題がある。

5.2. 地域防災計画の改正状況から見る地域防災計画の課題

平成23年度と平成24年度の地域防災計画の修正状況を概観すると、都道府県・市区町村ともに、災害予防対策と災害応急対策の見直しが主な修正理由であった。また、地域防

災計画の修正内容を見てみると、特に修正を迫られたものは、「防災体制の組織・運営」・「情報連絡体制」・「避難・救護対策」であった。さらに言えば、都道府県・市区町村ともに、平成23年度から平成24年度にかけて、この3つの修正内容以外にも、全般的に内容の見直しが進められているところであった。

ただし、見直しが行われているこれら項目は、いずれも防災のソフトの部分に重点を置いたものである。ハード面の防災事業については、前述のとおり、災害対策基本法ではなく、その他の災害法に基づいて行われることになっている。従って、今後の地域防災計画の修正でも、ハードよりソフトの強化が主要な課題となってくることが想定される。地域防災計画においては、「特にハード面での対策は内容が概して貧弱で、かつ、各部局が作成した部門別計画の既存事業の寄せ集めに過ぎないものが多い」と問題にされるが、そうした状況を踏まえたうえでソフトの部分を修正しなければならない[23]。

5．3．災害対策の標準化・個別化から見る地域防災計画の課題

災害対策の標準化と個別化という2つの動きについて、地域防災計画を策定する自治体はどのように対応することになるであろうか。基礎自治体の地域防災計画は「共通編」や「総則」と、「震災対策編」・「風水害編」というように個別の災害への対策編とに分けられているもの、「総則」・「予防計画」・「応急対策計画」・「復旧復興計画」というように事業ごとに分類されているもの、「共通編」や「総則」がなく、最初から「震災対策編」や「風水害編」として整備されたものなど、その構成は様々である。『災害対策標準化検討会議報告書』の基本方針に基づき、「災害

の種類、規模等を問わず、あらゆる災害に対して、防災関係機関等が必要な連携を確保しつつ、迅速かつ効果的効率的な災害対応の遂行に資するため、国、地方公共団体及び指定公共機関並びに企業、NPO、自主防災組織等において、組織機能、活動、コミュニケーション等幅広い観点から、ハード・ソフトを通じて、標準化を積極的かつ継続的に推進する」ことが行われるならば、今後は各自治体の防災計画の構成が統一的なものになる可能性がある[24]。

具体的に考えられることは、これまで「共通編」や「総則」と言われていたものと、各自治体が想定している震災や火山災害や原子力発電所事故といった、地域ごとに懸念される災害への対策・対応に特化したものとに内容が分かれるのが主流になると思われる。すでに国の防災基本計画においては、2014年1月の修正により、「各災害に共通する対策編」が設けられており、今後は自治体においても、この動きに倣って地域防災計画を修正していくことになると思われる。それにより「共通編」には、定型化され汎用性のある災害対策業務が記載され、それに基づき業務継続計画（BCP）の策定や自治体間の防災協定といった施策が行われるものと思われる。また地域防災計画の修正状況でも明らかなように、「地震対策編」や「風水害編」、そして「原子力災害対策編」といった、特定の災害に関する地域防災計画の修正が進んでいる。従って「地震対策編」では、南海トラフ巨大地震や首都直下地震といった、特定災害に特化した災害対策・対応が記載されるようになるものと推測される。

５．４．地域防災計画の運用：RG-PDCA サイクルに基づいた見直しを

　それでは上記の地域防災計画の状況や課題に対して、どのように対応すれば効果的で実用的な地域防災計画となるのであろうか。課題に対する対応の方向性について、PDCAサイクルの観点から考察したい。PDCA サイクルとは、計画（Plan）・実施（Do）・評価（Check）・改善（Action）の一連のサイクルを繰り返すことにより、業務を継続的に改善する手法のことである。災害対応業務の標準化においても、PDCA サイクルを活用した地域防災計画の見直しや防災訓練の実施が求められていることは、上述のとおりである。

　しかしながら、被害想定に対して自分達がどこまで対応できるのか、現在の防災力を把握し減災目標を設定せずに PDCA サイクルを回しても、地域防災計画の実効性の無さを改善することはできない。そこで求められるのが、現状分析（Research）と目標設定（Goal）である。現状分析とは、自分の自治体の防災力がどれくらいのものであるかを知ることである。地域防災計画の中で特に念頭に置かれている災害の被害想定に対して、自分達がどこまで対応できるのかを知ることが肝要である。そして目標設定とは、被害想定に対して、どのような防災対策を講じるのか、それにより、どこまで災害対応が可能となり、被害を抑えられるのかを示すことである。こうした RG を行ったうえで、PDCA サイクルを回すことを RG-PDCA サイクルという。仮に改善（Action）が上手くいかずに目標設定（Goal）が達成されなかった場合や、災害対策基本法の改正といった大きな環境変化が起こった場合には、現状分析（Research）に戻って目標を再設定（Goal）し、PDCA サイクルを回さなければならない。

　地域防災計画の問題点として、「現実には実施できないことがある場合でも、実施できる建前で作成されているきらい」があり、「この点を避けるかのように、計画上の表現は、抽象的な形をとっているのが普通」であると指摘されている[25]。つまり、現在の地域防災計画は防災事業の実施主体が災害発生時に行うことを羅列しているに留まり、どの程度の災害に対し、どれだけ対応できるかを明らかにしていない。RG-PDCA サイクルは、こうした「実施できる建前」や「災害対応の記述の羅列」を認めない。

　たとえ災害法制上、ハードに関する災害予防事業が十分に実施されないとしても、それを前提にした現状の防災力の把握（Research）と目標設定（Goal）が行われることが重要である。その上で PDCA サイクルに基づいてソフトの防災事業を地域防災計画の中に作成・実施・評価・改善していくことが望まれる。災害対策の標準化・個別化においても同様である。むしろ標準化・個別化されるほど、現状の防災力の把握と目標設定が重要となってくる。当然のことながら、災害ごとに被害想定や被害内容は異なってくる。そのため、それらに応じて現在の自治体の防災力を分析する必要がでてくる。分析の結果、各災害対策の中で共通の防災事業と、地震・風水害・火山噴火・原子力事故等の個別に必要な防災事業が明らかとなってくる。従って、目標設定も単一のものとはならず、災害ごとの目標設定と各災害に共通した防災事業の目標設定が必要となる。すなわち、目標設定ごとに PDCA サイクルが行われなければならないのである。以上のような地域防災計画における RG-PDCA サイクルの概念図を以下に示す（図8）。

図8　地域防災計画の RG-PDCA サイクル

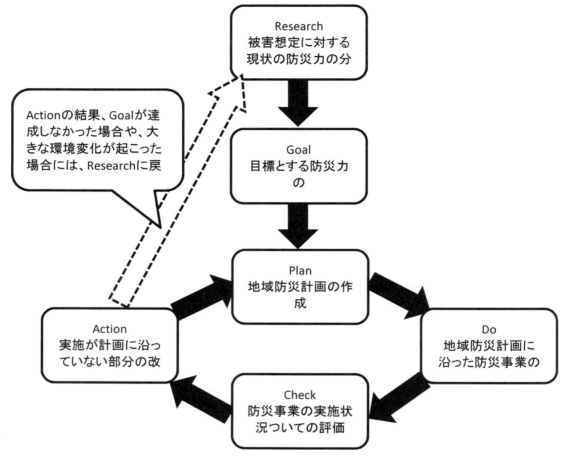

出典：筆者作成

6．終わりに

　本稿では、災害法制、地方自治体の地域防災計画の修正状況、そして災害対策の標準化と個別化という3つの観点から地域防災計画の課題を明らかにした。第一に、現在の災害法制では、災害対策基本法の中の防災事業の規定が、多くの特別法に委ねられており、地方自治体では思うように防災事業が実施できない。第二に、平成23年度と平成24年度の地域防災計画の修正状況を見ると、ハードではなくソフトの災害対策に重点を置いた課題設定となっている。第三に、特定の災害にこだわらず、あらゆる災害に対策できるよう災害対策を標準化する動きと、津波災害や南海トラフ巨大地震・首都直下地震に特化した法律が制定されるといった災害対策の個別化の動きがあり、今後、地方自治体では、この2つの動きに対応して地域防災計画等を修正していかなければならない。

　従って、こうした地域防災計画に関する動きに合わせたうえで、さらに実用性のある計画を作成することが、地方自治体の防災における急務の課題であると言える。地域防災計画において最も重要なことは、如何にして自治体の防災力を高めるかである。そのために、本稿ではRG-PDCAサイクルに基づいた地域防災計画の作成を提案した。自分の自治体の防災力がどれくらいであるのか、現状を分析したうえで防災・減災の目標設定を行う。

それに基づき地域防災計画の作成・実施・評価・改善を行っていく。これは、自治体職員が自ら考え、判断し、自らの力で実行する能力の養成に他ならない。東日本大震災では、被害が深刻化した原因の一つとして、自治体の基本能力の不足が指摘された[26]。自治体の防災力を高めるということは、災害に対応できる職員・組織を養うことである。そのためにRG-PDCAサイクルに基づく地域防災計画の作成が望まれるのである。

1 読売新聞「地震予測地図　日本中どこでも災害は起きる」2014 年 12 月 24 日付朝刊。

2 消防庁国民保護・防災部防災課（2013）「津波避難対策推進マニュアル検討会報告書」、
p.100 及び p.111。

3 詳しくは、飯塚智規（2014）「災害法制と災害対策基本法の改正にみる地域防災計画の課
題」一般財団法人　日本防火・危機管理促進協会『危機管理レビューVol.5　応急対策と事前
準備―危機管理政策の 2 つの局面における現状と課題』pp.51-57、を参照。

4 西泉彰雄（2010）「災害予防に関する制度の仕組み」生田長人　編『シリーズ防災を考え
る 4　防災の法と仕組み』東信堂 p.54。

5 同上。

6 10 項目とは、①避難所及び応急仮設住宅の供与、②炊き出しその他による食品の給与及
び飲料水の供給、③被服、寝具その他生活必需品の給与又は貸与、④医療及び助産、⑤被
災者の救出、⑥被災した住宅の応急修理、⑦生業に必要な資金、器具又は資料の給与又は
貸与、⑧学用品の給与、⑨埋葬、⑩前各号に規定するもののほか、政令で定めるもの、で
ある。なお、平成 25 年度の災害対策基本法の改正に伴い、内閣府が災害救助法を所管す
ることとなった。従って、今後の災害救助法の運用基準や運用の判断は、厚生労働省では
なく内閣府となる。

7 小林恭一（2012）「実践的地域防災計画と災害対策本部のあり方」財団法人　日本防火・
危機管理促進協会『危機管理レビューVol.2　地域防災計画をどのように見直し、運用する
か』p.14。

8 消防庁国民保護・防災部防災課（2011）『地域防災計画における地震・津波対策の充実・
強化に関する検討会報告書』pp.108-174。

9 消防庁防災課・応急対策室・防災情報室（2014）「地方防災行政の現況」p.39、及び、消
防庁防災課・応急対策室・防災情報室（2013）「地方防災行政の現況」p.37 を参照。

10 災害対策基本法の改正については、飯塚（2014）を参照。

11 内閣府（2013）「災害対策標準化に係る検討について」
（http://www.bousai.go.jp/kaigirep/kentokai/kentokaigi/01/pdf/sankou3.pdf）
2015 年 1 月 21 日閲覧。

12 内閣府（2013）『災害対策標準化に係る検討報告書』p.6。

13 同上、pp.10-72。

14 同上、p.1。

15 同上、p.2。

16 読売新聞「教訓阪神大震災 20 年　リスク直視減災へ備え」2015 年 1 月 12 日付朝刊。

17 内閣府（2013）、p.6。

18 国土交通省（2012）「津波防災地域づくりに関する法律について」p.1。
（http://www.mlit.go.jp/common/000204848.pdf）2015 年 1 月 21 日閲覧。

19 防災研究会　編集（2014）『自治体・事業者のための防災計画作成・運用ハンドブック　最
新被害想定による南海トラフ・首都直下型地震対策』ぎょうせい p.38。

20 永松伸吾（2008）『減災政策論入門―巨大災害リスクのガバナンスと市場経済』弘文堂、
p.216。

21 生田長人（2013）『防災法』信山社 p.62。

22 同上、p.64。

23 同上、p.62。

24 内閣府（2013）、p.6。

25 生田（2013）、p.64。

26 津久井進（2012）『大災害と法』岩波書店 p.187。

参考文献

飯塚智規（2013）『災害復興における被災地のガバナンス』芦書房

生田長人（2013）『防災法』信山社

生田長人 編（2010）『シリーズ防災を考える 4 防災の法と仕組み』東信堂

一般財団法人 日本防火・危機管理促進協会（2014）『危機管理レビューVol.5 応急対策
　と事前準備—危機管理政策の 2 つの局面における現状と課題』

鍵屋一（2003）『図解よくわかる自治体の防災・危機管理のしくみ〈第 1 次改訂版〉』
　学陽書房

厚生労働省（2008）「災害救助事務取扱要領」

国土交通省（2012）「津波防災地域づくりに関する法律について」

災害対策制度研究会 編著（2004）『図解 日本の防災行政 改訂版(平成 16 年)』ぎょうせい

災害対策法制研究会 編著（2014）『災害対策基本法改正ガイドブック 平成 24 年及び
　平成 25 年改正』大成出版社

財団法人 日本防火・危機管理促進協会（2012）『危機管理レビューVol.2 地域防災計画
　をどのように見直し、運用するか』

消防庁国民保護・防災部防災課（2013）「津波避難対策推進マニュアル検討会報告書」

消防庁国民保護・防災部防災課（2011）「地域防災計画における地震・津波対策の充実・
　強化に関する検討会報告書」

消防庁防災課・応急対策室・防災情報室（2014）「地方防災行政の現況」

消防庁防災課・応急対策室・防災情報室（2013）「地方防災行政の現況」

津久井進（2012）『大災害と法』岩波書店

津波防災地域づくりに関する法律研究会（2014）『津波防災地域づくりに関する法律の
　解説』大成出版社

内閣府（2013）「災害対策標準化に係る検討報告書」

中邨章 編著（2005）『危機管理と行政 グローバル化社会への対応』ぎょうせい

中邨章 編著・(財)行政管理研究センター監修（2000）『行政の危機管理システム』中央
　法規

中村八郎（2005）『これからの自治体防災計画　予防こそ災害対策の基本』自治体研究社

永松伸吾（2008）『減災政策論入門—巨大災害リスクのガバナンスと市場経済』弘文堂

西泉彰雄（2010）「災害予防に関する制度の仕組み」生田長人 編『シリーズ防災を考
　える 4 防災の法と仕組み』東信堂

防災研究会 編集（2014）『自治体・事業者のための防災計画作成・運用ハンドブック 最
　新被害想定による南海トラフ・首都直下型地震対策』ぎょうせい

読売新聞「教訓阪神大震災 20 年 リスク直視減災へ備え」2015 年 1 月 12 日付朝刊

読売新聞「地震予測地図 日本中どこでも災害は起きる」2014 年 12 月 24 日付朝刊

44

3 災害における人々の避難とその特性

日本大学文理学部　教授　中森広道

1．はじめに

災害における人々の対応を考えた場合、言うまでもなく「避難」は重要な検討課題である。近年、災害についての関心が高くなっている中、避難に不可欠な災害情報の改善や見直しが進められているものの、結果的に適切で安全な避難に結びつかなかったこともあった。また、「首都直下地震」や「南海トラフ巨大地震」をはじめとして、将来発生が懸念される災害について話題になることも多く、それらの災害が発生した場合の混乱やパニックをはじめとする望ましくない状況をイメージする人も少なくない。本稿では、第一に「パニック」、第二に「災害情報と人々の対応の特性」について検討し、災害と人々の避難について考えていきたいと思う[1]。

2．パニック

2．1．「パニック」への不安

表1は、2014年11月・12月に日本大学文理学部中森研究室が、全国の都市部（12地域）に住む若者・青年（18歳から35歳まで）を対象に行った調査（n=1196）で、「日本で、この数年の間に起こるだろう、もしくはこれまでよりもさらに増えていくだろうと思う災害・事故・事件」について尋ねた結果である（複数回答）。最も多いのは「地震災害」（78.4％）で、以下、「台風による災害」（64.7％）、「豪雨災害」（63.0％）、「土砂災害」（53.5％）の順であった。次の表2は、同じ調査で、「住んでいる地域が大きな地震に襲われた場合に起こるのではないかと思われること」について尋ねた結果である（複数回答）。この質問の回答で最も多いものが「パニック

が起こる」（48.2％）で、以下、「人々が商店やスーパーマーケットに殺到する」（43.1％）、「避難する場所が人であふれる」（42.4％）、「しばらく食料や水が届かなくなる」（39.6％）の順であった。この結果からも、人々が大きな地震の際に「パニックが起こる」「人々が商店やスーパーマーケットに殺到する」といった広い意味での「パニック」の発生をイメージしていることがわかる[2]。ただし、現在「パニック」という言葉は多様な意味で用いられており、そのため「パニックが起きる」という選択肢で言う「パニック」の状況は、回答者によって、それぞれイメージが違っているのかもしれない。

2．2．「パニック」の定義

「パニック（panic）」の語源は、ギリシャ神話における牧神パン（またはパーン、pan）と言われている。牧神パンについては、例えば、昼寝を邪魔されると人や家畜を混乱させる話や、夜に笛を吹いて人々に恐怖を与えるなどの話がある。また、古代ギリシア時代のペルシャ戦争における「マラトンの戦い」で、ペルシャ軍が敗走してギリシャ軍が勝利した理由として、パンがペルシャ軍の兵士に恐怖を与えたという話もある。このような、パンによる突然の恐怖や混乱に関する話から "panic" という言葉が生まれたと言われている（三上 1988、廣井・中森 1993、釘原 1995など）。

「パニック」という言葉は、今日、日本でも広く使われ、その使われ方も多様である。例えば、「朝からいろいろなことがあってパニックだ」とか「忙しくて頭がパニック状態だ」などといった個人の情動を意味する使い方から、「人々が我先に脱出しようとして街中がパニックだ」といった多くの人々が逃げ惑うような

表1 この数年の間に日本で起こるであろう・これまでよりもさらに増えていくであろうと思う災害・事故・事件（%）

（複数回答）　n=1196

（2014 年 11 月・12 月）

地震災害	78.4
津波災害	37.6
火山噴火・爆発による被害	45.2
台風による災害	64.7
豪雨災害	63.0
土砂災害	53.5
竜巻による被害	31.0
落雷による人的被害	19.2
雹（ひょう）による被害	17.2
大雪による災害	33.2
なだれによる人的被害	17.2
熱中症や高温による身体への影響	41.1
隕石等の落下による被害	3.4
火災	24.2
ガス爆発	9.9
ガス漏れ・ガス中毒	9.4
自動車事故	30.5
鉄道事故	15.9
飛行機事故	9.7
船舶事故	8.5
原子力事故・放射能汚染による被害	26.3
大気汚染による身体への影響	25.2
水質汚濁（海や川の汚染）による被害	16.6
空き巣・不審者侵入	28.4
強盗・傷害	30.4
ストーカー	36.3
通り魔	33.4
詐欺	42.3
テロ	18.8
戦争	11.0
伝染病・毒性の強いウィルスによる病気	37.0
飲食物の中毒	20.0
毒物による人的被害	14.7
薬害	15.1
危険（脱法）ドラッグなどによる事故・事件	43.5
その他	0.3
何もない	10.0

日本大学文理学部社会学科・中森研究室調査

表2　住んでいる地域が大きな地震に襲われた場合に懸念されること（%）（複数回答）　n=1196
（2014年11月・12月）

パニックが起きる	48.2
流言やデマにより大混乱が起こる	16.4
大規模な火災や爆発が起こる	17.8
窃盗・強盗・放火などの犯罪が起こる	21.6
あちこちでケンカや口論がはじまる	11.6
行政や自治体がまったく機能しなくなる	18.2
人々が商店やスーパーマーケットに殺到する	43.1
避難する場所が人であふれる	42.4
しばらくは食料や水が届かなくなる	39.6
病院がいっぱいになり、治療が受けられない人が多くなる	26.1
伝染病がはやる	6.7
衛生面での問題が起こる	25.3
情報がほとんど入らなくなる	17.2
孤立する	9.1
まったく救援が来ない	5.6
その他	0.6
特に生命・財産がおびやかされるような事態は起こらない	9.9

日本大学文理学部社会学科・中森研究室調査

混乱を意味する使い方まで様々である。

　そのため、「パニックが起きた」と言った場合、それが、どのような意味なのかは、その言葉を使った人のイメージによって異なるだろう。一般に、社会学や社会心理学において用いる「パニック」は、個人の恐怖や怒りといった感情（情動）ではなく人々の集合行動（collective behavior）として捉えられることが多い。つまり、「パニック」とは、秩序に基づいた組織的な集団の行動ではなく、群衆のような一時的・偶発的な集団が危険から逃れるための非合理的な行動を意味するのである（廣井・中森　1993）。そして、社会学や社会心理学の災害研究における「パニック」は、さらに限定された意味で用いられることが多

く、例えば、三上俊治は、「不特定多数の人々が危険を回避するために、限られた脱出口（脱出路）や稀少な資源に向かってほぼ同時に殺到することによって生じる社会的混乱」（三上1988）と定義している。これは、多くの人々が一斉に出口に殺到することにより圧死者や負傷者が生じる状況などが該当する。したがって、災害研究では、「パニックが起こったかどうか」を判断する場合に、このような限定された意味に基づいて評価するため、例えば、地震が起こって驚いた人が絶叫するような状況だけでは「パニックが起こった」とは判断しないことが一般的である。

　また三上は、「パニック」の類型を、内外の研究を検討した上で「逃走パニック」「獲得パ

ニック」「情報パニック」「擬似パニック」に
まとめている（三上　1988ほか）。「逃走パ
ニック」とは、危険が迫っている際に閉じ込め
られた空間から人々が脱出しようとして一斉
に逃げ出すことによって生じる混乱のことで、
火災が発生して人々が出口に殺到することが
代表的な例である。次に、「獲得パニック」と
は、稀少な資源を獲得するために人々が先を
争って殺到することにより生じる混乱で、
1973年の所謂「トイレットペーパー・パニッ
ク」のような、限られた数の物資を求めて人々
が殺到することや、同年の「豊川信用金庫取
り付け騒ぎ」のように人々が一斉に預貯金を
引き出そうとして殺到することなどが挙げら
れる。また、「情報パニック」は、警報や避難
に関する情報によって生じる混乱や流言なら
びに誤報などなどによって生じる混乱などで、
1938年にアメリカで起こったラジオドラマ
『宇宙戦争』によって引き起こされた「火星
人襲来騒ぎ」などが該当する。そして、「擬似
パニック」とは、実際には「パニック」と呼
ばれるような現象が起きていない状況であり
ながら、マス・メディアの報道などで「パニ
ックが起きた」とセンセーショナルに誇張さ
れて伝えられるようなことを意味する。

２．３．日本における「パニック」の広がり

　「パニック」という言葉が日本で一般的に
使われるようになってから、それほど時間は
経っていない。「パニック」という言葉が一般
の人々の間で広く使われるようになったのは
1970年代と考えられる。それ以前の日本では、
「パニック」は「恐慌」と訳されて経済や社
会心理などの分野で用いられたり、開高健の
小説のタイトル（1957年）で使われたりする
など、一部の人々に知られている程度の言葉
であった。

　そして、1973年、当時の国鉄の順法闘争に
よる騒動、公害問題とそれにともなう反対運
動、オイルショック、商品不足と物価高騰、
トイレットペーパー買いだめ騒動、愛知・豊
川信用金庫取り付け騒ぎ、熊本・大洋デパー
ト火災など、非常時の人々の行動や混乱に関
わる出来事が相次いだ（火災については、前
年の1972年にも、大阪・千日デパート火災
や福井・北陸トンネルの急行「きたぐに」の
火災などで大きな人的被害が生じている）。ま
た、小松左京の『日本沈没』、五島勉の『ノス
トラダムスの大予言』などの書籍がベストセ
ラーになるなどの終末論がブームとなったり、
「第二次関東大震災」「川崎直下型地震」など
の大地震発生説が注目された。このような世
相の中、「パニック」という言葉がある種の流
行語になり、トイレットペーパー買いだめ騒
動は前述のように「トイレットペーパー・パ
ニック」と呼ばれることもあった。また、こ
の頃は災害や大規模な事故に巻き込まれた
人々を描いた映画が相次いで製作された。代
表的なものとしては、洋画では、『大空港
（Airport）』（1970年）をはじめとする「エ
アポート」シリーズ、『ポセイドン・アドベン
チャー（The Poseidon Adventure)』（1972
年）、『タワーリング・インフェルノ（The
Towering Inferno)』（1974年）、『大地震
（Earthquake）』（1974年）などがその例で
ある。邦画では、前述の書籍を映画化した『日
本沈没』（1973年）、『ノストラダムスの大予
言』（1974年）をはじめとして、『新幹線大爆
破』（1975年）、『東京湾炎上』（1975年）、『地
震列島』（1980年）などが代表的な作品であ
ろう。これらの映画が「パニック映画」とい
う名称で呼ばれるようになり（アメリカでは
"Disaster film"と呼ばれている）、このこと
が「パニック」という言葉を広めた理由の1

つと考えられる（中森 1994）。

　この当時の日本では、「災害が発生すれば必ずパニックが起こるという」という観念を持つ人々が多く、専門家も同様であった。1970年代前半の日本では、社会科学系の災害研究は今日ほど行われておらず、災害時におけるパニックの事例研究も少なかった。このころのパニックの事例研究としては、1972年の大阪・千日デパート火災において心理学者が行った研究（安倍 1974ほか）をはじめとする火災における人々の行動等に関する研究はあるものの、地震などの自然災害に関する事例研究はあまり行われていなかった。そのため、専門家も、昔からの「災害時にはパニックが起こる」という固定観念的なイメージや、火災における検証や実験結果から推定した人々の行動が地震などの自然災害においても起こるとする、言わば、あてはめて説明を行うことが少なくなかったのである。

　しかし、社会科学系の災害の実証研究が進んでいたアメリカでは、1950年代にはパニックに関する興味深い指摘が行われている。それは、実際の自然災害の際や災害に関する情報が発表された際に、災害研究の定義での「パニック」が発生した事例が少ないということだった。そして、アメリカの社会学者は「災害時にパニックが起こる」という固定した観念のことを「パニック・イメージ（panic image）」と呼び、実際には災害時にパニックと呼ばれるような現象が起きていない中で、パニックが起こったと信じられているという「パニック神話（panic myth）」が存在していると示していたのである（三上 1988、中森 2008bほか）。しかし、1970年代前半の日本では、アメリカのこのような研究成果はあまり知られていなかったのである。

２．４．「東海地震説」と「余震情報パニック」

　1976年、東京大学地震研究所助手（当時）の石橋克彦が、「静岡県の駿河湾を震源とする巨大地震が発生する恐れがある」という「駿河湾巨大地震説」を発表した。のちに「東海地震説」と呼ばれるようになるこの地震説は学会でも認められた。静岡県を中心に関東、東海、近畿という日本の大動脈と呼ばれるような地域に甚大な被害をもたらす恐れがあることや「明日起きても不思議ではない」という表現が使われるような切迫感などもあり、これまでに発表されていた様々な地震説に比べて影響や反応が大きく、その対策が求められるようになった。そして、「東海地震」は、予知が可能となるかもしれないという専門家の見解などをもとに、日本では初となる「地震予知」を前提とした対策が公的に進められることになった。

　しかし、仮に「東海地震」の予知ができたとしても、予知情報をどのように発表・伝達するのかという課題があった。「東海地震」の予知情報が伝えることで、パニックや大混乱が起こる可能性が指摘され、行政担当者、研究者などの専門家を含めた多くの人々が「情報パニック」の発生を懸念していたのである。また、「東海地震」の予知ができたとしてもどのように発表するのか、その責任をもつのは判定した地震学者なのか、それとも気象庁なのか、あるいは政府なのかということも明確ではなかった。そして、情報を受けとる側は具体的に何をすればよいのかといったこともはっきりしておらず、「東海地震」の予知情報の発表・伝達についての組織的な体制の構築も必要だったのである。

　そのような課題が検討されていた1978年1月14日、「伊豆大島近海の地震」（M7.0）が発生し、静岡県の伊豆半島東海岸を中心に

被害が生じた。本震の震源は伊豆大島近海であったが、余震の震源域は伊豆半島にまで広がっていた。余震は本震に比べて小さな地震ではあるが、被災地では小さな揺れでも、さらなる建物の損壊や土砂崩れなどの被害が生じる可能性もある。そこで、静岡県は被災地域での余震への警戒を促す意味から、地震から4日後の1月18日13時30分に、静岡県災害対策本部長である県知事の名で「余震情報」を発表した。ところが、この「余震情報」が様々な経路で人々に伝わっていく中で、「夕方に大きな地震が来る」といった流言になって広まり、本来、警戒を促す対象の伊豆地方だけでなく、本震で大きな被害のなかった静岡県の他の地域でもこの流言による混乱が生じた。この流言による騒ぎは、専門家の間で「余震情報パニック」と呼ばれるようになる。当日の夜のニュースや翌日の新聞各紙は、この騒動を「パニック」という表現を使って大きく扱い、1面トップで伝える新聞もあった。

この「余震情報パニック」は、社会学や社会心理学における災害の実証研究を進展させる一つの契機となり、東京大学新聞研究所（当時）「災害と情報」研究班などにより詳細な調査が行われた。その結果、「余震情報」に関する流言により、一部では避難騒ぎや関係機関に電話による問い合わせが殺到するなどの混乱はあったものの、地域全体が大混乱を起こし社会的機能がマヒするような事態ではなかったことを明らかにした（東京大学新聞研究所　1978,中森　2008b ほか）。つまり、「余震情報パニック」は、「疑似パニック」ととらえる評価が多かった。

ただし、「余震情報パニック」は、災害情報を発表・伝達する上での教訓を残し、次のような課題を示した。

①当時、「余震」の意味は一般的には正しく理解されていなかったため、「余震」を「再び大きな地震」という意味に受け止めた人がいたようである。また、発表された「余震情報」の中で、余震の規模が場合によっては「マグニチュード6程度」になる可能性があるという説明があるが、この「マグニチュード6」を「震度6」と混同したり、また「マグニチュード6」を「M6」と表記したりすることにより、「PM6（午後6時）」と受け止めた人がいるのではないかという見解が示された。このような「発表する情報で用いる表現・言葉」について考えなければならないという課題があった。

②静岡県が発表した「余震情報」は、必ずしも緊急性のあるものではなかったが、一部の放送局は、通常のテレビ番組の画面に、詳細な説明を省いたテロップによるニュース速報で伝えた。そのため、視聴者に誤解を与えたのではないかという点が問題視された。このような「情報発表・伝達の方法」も考えなければならない課題となった。

③静岡県が発表した「余震情報」の名称は、静岡県がこの時に独自に作って、はじめて用いたものである。そのため、この情報が何を意味するのか、情報を受け取った側は何をするのかといった手順や合意形成ができていないまま、唐突に新しい情報が発表された形になった。これが様々な混乱の大きな要因となったことから、情報は、ただ発表すればよいのではなく、あらかじめ「情報の送受のルール」を決めておくことが求められた（東京大学新聞研究所　1978,中森　2008b ほか）。

このような経験により、「東海地震」の予知情報発表や対策に関する法の整備などの必要性が認められ、1978年に「大規模地震対策特別措置法」が制定され、行政、自治体、公共企業などの関連機関は、この法を踏まえて地

震や地震予知への対策を講じるようになったのである。

なお、「伊豆大島近海の地震」から約5か月後の1978年6月12日に発生した「宮城県沖地震」（M7.4）でも、「パニック」を見出しにした新聞記事がいくつか見られた。廣井脩は、日本の新聞報道において、実際発生した地震によって「パニックが起こった」と伝えた「パニック報道」は、1978年の「伊豆大島近海の地震」における「余震情報パニック」と「宮城県沖地震」がその始まりとしている（廣井　1987）。

この「宮城県沖地震」について廣井は、後年、「パニックが起きた」と報じられた仙台市周辺にある百貨店・劇場・学校などの収容施設における管理者や従業員を対象にヒアリング調査を行い、地震発生時の人々の対応や状況を検証した。地震の発生は平日（月曜日）の夕方（17時14分）で、商業施設では多くの買い物客で混雑しており、交通機関では帰宅ラッシュで混みあう時間であった。つまり、比較的パニックが各所で起こりやすい時間帯に発生した地震であった。しかし、調査の結果を見ると、百貨店の地下階、大学、路線バスなどで「パニックらしきもの（パニックの一歩手前のような混乱はあったが結果的にはパニックに至らなかったもの）」は見られたものの「パニック」と言えるような現象は認められていないと考察している。このヒアリングの結果と考察（廣井・中森　1993）をみていくと、例えば、仙台市内のある百貨店の地下1階は、次のような状況だった。

　地震が起こったとき、地下1階の食料品売り場はちょうど食品セールの時間であり、正確な数はわからないが、かなりの人がいた。特に女性客が多く、揺れに驚いて声を挙げた

り、泣き出したり、立っていられなくなってしゃがみ込む客も目立ち、混乱状態になったという。（中略）このフロアでは、従業員は正社員が30人、手伝いやメーカーからの出向社員を含めると200人近い人が働いていた。このフロアでの建物自体の被害はなかったが、商品が棚などから落ち、酒瓶などが割れたりした。しかし、火災の発生はなく負傷者もいなかった。（中略）一時的な混乱状況のため、従業員などの指示がうまくできなかったところもあった。停電でフロア内が暗くなったため非常灯がついている出口の方へ向かった客が見られた。出口のところで「落下物があるので危険です」という他の従業員の声が聞こえた。また、食料品コーナーのため従業員は白衣を着ているが、それが目立つために、客が「どうすればよいのか」と寄ってきたところもあった。エスカレータ近くにいた従業員には、20人くらいの客が「どこへ逃げればいいのか」と寄ってきたので、「あまり動かないで、私のそばにいてください」と答え、その従業員のまわりに客を集め、揺れがおさまってから出口の方に誘導したという（p.316一部修正）。

　次に、高等学校が併設された仙台市内のある女子大学の例である。

　地震が起こると、学生が悲鳴をあげたりして大騒ぎとなった。高校生は机の下にもぐった人が多かったが、一方、大学生は外へ出ようとして出入り口に殺到したという。そのため、近くにいた教職員が、「ガラスが降ってくるから危ない」と外へ出ようとする学生をおさえた。それでも外へ出ようとした学生が1人いて、この学生を引き戻したが、この学生は降ってきたガラスで服の背がきれていたと

いう。その後、教職員が制止すると、学生は
それにしたがった（p.322　一部修正）

　そして、仙台市交通局のある路線バスであ
る。

　仙台市長町近くを走行中だったバスには、
44－45人の乗客がいた。地震が起こったとき、
タイヤがパンクをしたような感じになったが、
運転手は、パンクにしては少しおかしいと思
って、あたりの様子を見まわすと、電線が揺
れており、地震とわかった。（中略）かなり大
きい地震だと思い、車道の真ん中で停車した。
バスを止めた瞬間、あたりのビルのガラスが
割れて歩道に落下してくるのが見えたという。
歩道では歩けずに膝をついたり、座り込んで
いる人もいた。また、バランスを失ったオー
トバイが2台ほど反対側車線に飛び出して、
歩道との境にあるフェンスにぶつかったのが
見えたという。運転手が車道の真ん中で停車
したのは、ガラスが落ちてきたり電柱や建物
が倒れてくることを考え、ある程度距離をと
った方がよいという判断からであった。
　バスは大揺れだった。（中略）乗客は「何だ、
何だ!?」「地震だ、地震だ！」と叫び、女性は
悲鳴をあげ、子どもは泣き、大騒ぎとなった。
そのうち1人の男性が「降ろしてくれ、降ろ
してくれ！」「ドアをどうして開けないんだ！」
と叫んだ。それがきっかけとなり、「開けてく
れ！」「降ろしてくれ！」と乗客が騒ぐように
なり、だんだん言葉が荒くなって運転手に罵
声となって飛んできた。
　そこで、運転手はマイクのスイッチを入れ
て、「とにかく、落ち着いてください、バスは
非常に大きく揺れますが安心して乗っていら
れますので、表に出るよりかえって安全です
から、おさまるまでしばらくお待ちください」

と車内放送をし、客を納得させる意味も含め
て、「外をご覧ください」と外の様子を見ても
らい、「外の状態を見てください、歩いている
方もおりません。歩道上にはガラスが落ちて
いますので、外には出られません。こちらで
安全を確認したら必ず皆さんを降ろしますか
ら」と放送を続けた。外には、ガラスの破片
で血を流している人、転んで膝から血を流し
ている人などがいた。運転手の放送によって
乗客は落ち着いたという。乗客が騒いだのは
一時的なもので、負傷者もいなかった（p.328
一部修正）。

　このように、「パニックらしきもの（一歩手
前）」になる状況はあったものの、結果的に災
害研究で定義される「パニック」は生じてい
ない。このようなことからも、「宮城県沖地震」
において報道された「パニック」は、実際は
「パニック」ではなく「疑似パニック」が多
かったのではないかと考えられる。そして、
その後の調査や検証によっても、災害や災害
情報に関して「パニック」と報道されたもの
の大半は、前述の「疑似パニック」であるこ
とがほとんどで、「パニック」が実際に発生し
たことは少ないとされている。

2．5．「パニック・イメージ」と「パニック神話」

　この「余震情報パニック」の前後から、日
本でも現地調査を踏まえた、社会科学系の災
害に関する実証的研究が増えていき、あわせ
て災害研究の進んでいたアメリカから、多く
の成果や知見が日本に入ってきた。その1つ
が、前述の「パニック神話」と「パニック・
イメージ」である。災害時や災害に関する情
報が伝わるとパニックとなり大混乱が生じる
という「パニック・イメージ」を多くの人が
持っていた。しかし、実際の災害で調査をす

ると、パニックが起こったという事例があまり見られなかった。同様に略奪などの犯罪も、被災地で多発したという事例が少ないことが明らかになっていた。このように、災害において頻繁に発生すると一般の人々が考えているものの実際はあまり起きていないという現象が、実証研究によって指摘されていたのである。こういった、災害に関して定着している誤った見方や観念を「災害神話（disaster myth）」と呼び、その代表的なものが「パニック神話」だったのである。

アメリカの災害研究におけるこれらの知見は、「災害時にはパニックが起こる」ことを言わば常識として疑わなかった当時の日本の専門家たちにも大きな影響を与えた。

そして、「パニック神話」をはじめとする「災害神話」は、「余震情報パニック」をはじめとする災害の実証研究などにより、日本でも同様な傾向があることが示さたのである（中森 2008b ほか）。

2．6．「パニック」の発生条件と「『災害ではパニックは起きない』神話」

ところで、日本における災害の実証研究が進み、「パニック」が起こったという話のほとんどが「疑似パニック」であることや「パニック神話」が強調されると、災害の専門家（特に社会科学系ではない専門家）の間でも「災害時や災害情報が発表された際にパニックは絶対に起きない」という誤った認識が生じるようになった。「パニック神話」とは「パニックの発生が少ない」という意味であって「絶対に発生しない」という意味ではない。

すでに各方面で指摘されていることではあるが、「パニック」にはいくつかの「発生条件」があり、例えば、釘原直樹は、内外の複数の専門家が示した「パニックの発生条件」を整

理している（釘原 1995）が、もし、「パニックが絶対に発生しない」というのであれば「発生条件」があること自体がおかしいということになる。いくつかの条件が充たされた場合には、パニックが発生する可能性があることは現在も変わらず、このような点を正しく認識することが求められている。

廣井は、複数の専門家が示した「パニックの発生条件」を最大公約数的にまとめて、次のような「パニックの発生条件」を挙げている。

1．危険が突然発生すること
2．脱出口（路）があること
3．その脱出口（路）が限られていること
4．その場所にいることが危険であると人々が認識すること

廣井は、この 4 つの発生条件が「全て充たされた」場合に「パニック」が発生すると説明している（廣井 1988）。つまり、この 4 つの条件の中の 1 つでも欠ければ「パニック」は発生しないということであり、これまでの災害や災害情報の発表の際には、「パニック」の発生条件を全て充たすことが少なかったために、結果的に「パニック」という現象に至らなかったと言えるだろう（中森 2007b）。前述の「宮城県沖地震」の事例についても、「パニック」ではなく「パニックらしきもの」で終ったのは、4 つの条件のうちいくつかの条件があてはまることはあっても、全ての条件が充たされなかったと考えられる。したがって、災害時に、このような条件が充たされるようなケースが生じれば、当然のことながら「パニック」の発生はあり得るということになる。

災害時に、このような条件を充たさないよ

うな対策や工夫が今日も求められている。一部で一人歩きしている「パニック」についての正確ではない評価により「『災害ではパニックは起きない』神話」が浸透していくことも防がなければならないのである。

3．災害情報と避難－望ましくない対応をする理由とその特性－

気象庁等が発表する予報・警報・注意報、地方自治体が発表する「避難指示」「避難勧告」など、災害や災害の発生のおそれがある場合には、避難を促すための情報が発表される。災害情報の改善や見直しが進んでいる近年において、情報と接していながら避難をしなかったり、適切な対応をとらなかったりする人々が多い。このような対応の原因について、いくつかの特性が指摘できる。

3．1．正常化の偏見

警報の発表や避難の呼びかけがあっても、「そのようなことはないだろう」「どうせたいしたことはないだろう」「自分は大丈夫だろう」などと事態を軽視したり、受け入れられなかったために適切な対応ができず、結果的に災害に巻き込まれてしまうことがある。このように、警報が発表されたり避難を促されても、自身がいる場所が危険であることや被害の可能性があることが示されていながら、事態を楽観視したり迫っている脅威を認めない信念のことを「正常化の偏見（"normalcy bias"）」または「正常性バイアス」と呼んでいる。

警報などが発表された場合には、人々は「逃げる」よりも「留まる」「何もしない」とう対応をとる人が多いという傾向がアメリカの研究で 1950 年代に指摘され、この要因として

「正常化の偏見」が挙げられていた（アメリカ科学アカデミー　1975 ほか）。日本では、前述のように 1970 年代の後半から災害の実証的研究が増えていき、その中で「正常化の偏見」が指摘されるようになった。特に、1982年の「長崎水害（『昭和 57 年 7 月豪雨』）」における東京大学新聞研究所（当時）の調査においてその傾向が指摘され（東京大学新聞研究所　1984）、それ以降、「正常化の偏見」は、日本でも災害における人々の対応の特性として注目されるようになり、今日まで、いくつかの災害において「正常化の偏見」の傾向が示されている。

しかし、2011 年の「東日本大震災」をはじめ、近年の災害では、この「正常化の偏見」の概念が乱用されている傾向もある。これは、「正常化の偏見」を、単に「油断」「軽視」と同じ意味でとらえるという誤った認識によるものが多い。また、実際は「正常化の偏見」とは言えない現象でありながら、十分な検討をしないで「正常化の偏見」と決めつけてしまうことが少なくない。このような傾向は、災害時の人々の対応に関して正確な評価ができていないということであり、大きな問題と言える。

3．2．警報慣れ

警報は、重大な災害の発生が危惧される場合に警戒を促す場合に発表するものだが、警報が発表されたとしても必ず被害が生じるとは限らない。警報は、それぞれ定められた基準に達すれば発表されるため、発表回数は多くなるものの、結果的に大きな被害とならないケースが少なくない。そのため人々は警報に慣れてしまい、肝心な時（結果的に大きな被害が生じる時）に警報が発表されても、深刻な事態と受け止めなくなってしまうことが

ある。このような傾向を「オオカミ少年効果（Cry wolf effect）」または「警報慣れ」（廣井1988）と呼んでいる。

　前述の「長崎水害」の調査結果によれば、警報を軽視した理由として、「いつもと同じでたいしたことはないと思った」（16.2%）、「警報などあたらないと思った」（8.1%）といった回答があり「警報慣れ」の傾向があったことがわかる（東京大学新聞研究所　1984）。また、名古屋市などで被害の生じた2000年の「東海水害」に関する東京大学社会情報研究所（当時）の調査でも「警報慣れ」の特性が見られる。この調査で、警報を聞いても「災害が起こるとは思わなかった」、「たいしたことはないと気にとめなかった」と回答した人にその理由を尋ねたところ、「今まで何度も警報が出ていたのに災害が起こらなかったから」と回答した人が37.5%を占めていた（廣井ほか　2003）。

３．３．災害文化（災害下位文化）の非適応的機能と「安全神話」

　災害または災害対策に関して、地域の住民の間に定着している技術・思考・意識・行動・言い伝えならびに生活様式のことを「災害文化（または「災害下位文化」、"disaster subculture"）」と呼んでいる。例えば、河川の決壊や洪水が多発する地域における「輪中」、台風常習地域における「屋根の重石」、豪雪地域の「雪かき・雪おろし」、渇水の多い地域の「ため池」、津波被災経験のある地域の「津波てんでんこ（てんでこ）」等が代表的なものであろう（中森　2007a）。また、大きな地震が多い地域または大きな地震の発生の懸念のある地域で、他の地域に比べて地震対策が進んでいる状況なども、これらの１つととらえられている（東京大学新聞研究所　1982）。

　しかし、これらの災害文化は、場合によっては望ましくない機能（非適応的機能または逆機能）を果たす場合もある。その代表的なものが「安全神話」である。1983年の「日本海中部地震」では、東北地方の日本海沿岸に大津波警報（当時は「オオツナミ」の津波警報）が発表されていたが、被災地の秋田県沿岸の住民の多くは警報をあまり重視していなかった。秋田県能代市の住民に対して行った東京大学新聞研究所の調査（1983年）において、「津波警報を聞いた」と回答した人に対して「警報を聞いてどう思ったか」と尋ねたところ、「大きな被害が出るような津波が来る」が9.9%であったのに対し、「津波は来ると思ったが大きな被害が生じるとは思わなかった」が50.0%、「津波が来るとは思わなかった」が39.5%という結果となり、多くの人が大津波警報を深刻に受け止めなかったことがわかる。また、調査の対象者全員に「『大きな地震の後、津波に注意しなさい』という話を聞いたことがあるか」という質問をしたところ、「聞いたことがない」と回答した人が65.4%、「聞いたことはあるが日本海側には関係ないと思っていた」と回答した人が25.6%であったのに対して、「聞いたことがある」と回答した人は9.4%であった（東京大学新聞研究所1985）。この結果から見ても、この地域は津波に対する危機意識が薄く、津波に関する「安全神話」が浸透していたと考えられる。また、災害時の避難に関する事例ではないが、1995年の「阪神・淡路大震災」の被災地で見られた「関西地震安全神話」（「関西に大きな地震は起こらない」という神話）もこの類である（廣井　1996）。

　同じ現象を起因とする災害が頻繁に発生する地域では、その災害に関する対策や意識に関する「災害文化」が生まれる。しかし、一

56

方で、ある現象を起因とする災害が長い期間発生していなかった場合、その地域の人々は、その現象による災害はこの地域では発生しないという「安全神話」を定着させてしまう。このような「安全神話」をはじめ、災害文化が望ましくない働きをすることを田崎篤郎は「災害文化の非適応的機能」と呼んでいる（松澤　1988）。どんなに正確で迅速な災害情報を伝えても、その対象となる地域に「安全神話」が浸透している場合は、多くの住民がその情報を受け入れない傾向がある。

３．４．過去の災害経験の影響と「経験の逆機能」

一度、災害を経験すると、その経験を基準に災害の評価や意思決定するようになることがある。しかし、発生する現象は同じでも、その現象によって引き起こされる災害は、地理的条件、時間的条件、環境条件などによって変わってくる。そのため、災害の際に過去の災害経験を基準にして対処すると望ましくない影響を与えることもある。

1993年の「北海道南西沖地震」では、北海道の奥尻島などでは、地震発生から数分で大津波が来襲し甚大な被害が生じた。奥尻島は、この地震の10年前（1983年）に起きた「日本海中部地震」でも津波による被害が生じていた。「日本海中部地震」では、この地域に津波が来襲したのは震源から距離があったため地震から20〜30分後だった。しかし、「北海道南西沖地震」は「日本海中部地震」に比べて震源までの距離が短く、地震による揺れも「日本海中部地震」に比べて強かったことから、「日本海中部地震」よりも早く津波が来るのではないかと考えた住民が少なくなかった。奥尻島の住民に行った東京大学の調査の結果（1993年）を見ると、「すぐ逃げないと間に合わないくらい早く津波が来ると思った」と

回答した人が60.7％を超えていた（東京大学社会情報研究所　1994）。これは、過去の災害経験が望ましい方向に働いたということである。しかし、その一方で、「日本海中部地震」の経験から「北海道南西沖地震」でも津波来襲までに時間的余裕があると考えた人もいた。同じ調査で、『『日本海中部地震』の経験から津波が来るまでかなり余裕があると思った」と回答した人は9.8％であり（東京大学社会情報研究所　1994）、過去の災害経験が望ましくない方向に働いたことになる。

2004年の「台風23号」では、兵庫県豊岡市を流れる円山川が氾濫して被害が生じた。東京大学などが豊岡市の住民に行った調査（2005）を見ると、「円山川が氾濫すると思っていたか」という質問に対し65.0％の人が「氾濫するとは思わなかった」と回答している。これらの人々に理由を尋ねた結果を見ると（複数回答）、43.0％の人が「支流が氾濫することは考えていたが円山川が氾濫するとは考えていなかった」と回答している。豊岡市は、以前の水害では円山川の支流が氾濫したため円山川本流は氾濫しないと考えた人が多かったのである（廣井ほか　2005）。また、時間は遡るが、1974年7月、静岡県中部で集中豪雨による大きな被害が生じた。「七夕豪雨」と呼ばれているこの豪雨で、静岡市にある静岡地方気象台で24時間に508ミリという観測開始以来の雨量を記録し、このことは当時大きく報道されて一般住民の間にも「500ミリの雨」という表現が広まった。そのため静岡の住民の中には、その後に避難が促されるような大雨があっても、雨量が500ミリに達していないと「大きな被害にならない」という認識を持つようになる人もいた。当然のことながら、24時間雨量が500ミリに達していない大雨でも被害が生じることは

あるが、災害の経験によって正しくない基準を設けてしまったのである（中森 2008a）。

このような対応は、以前は「正常化の偏見」としてとらえることが多かった。しかし、最近では「正常化の偏見」とは区別してとらえる見方が強くなり、過去の災害経験が人々の対応に望ましくない影響を与えることを、社会学者 R.K.マートン（Marton）の用語をもとに「経験の逆機能」という用語で説明されることが増えている。

３．５．「いざとなったら２階へ」－屋内避難意識－

災害の際、できれば自宅を離れるような避難は避けたいと考える人が少なくない。特に風水害の場合、多くの人がイメージする事態は洪水による浸水であるため、「いざとなったら２階などの自宅の高い場所に行けばよい」という意識を持つ傾向がある。このような「屋内避難意識」によって、結果的に避難が遅れたり危険な状況になることもある。

前述の「台風23号」における豊岡市での調査で、「避難しなかった」と回答した人にその理由を尋ねた結果を見ると（複数回答）、「いざとなったら２階に逃げれば何とかなると思ったから」と回答した人が最も多く50.5％を占めていた（廣井ほか 2005）。また、前述の「東海豪雨」の調査における同様の質問の回答は、名古屋市で26.5％、西枇杷島町で38.5％であった（廣井ほか 2003）。

危険が急に迫ってきた場合、危険な状態に気がつくのが遅くなってしまった場合、そして夜間など屋外に出て避難することがかえって危険な場合は、２階などの屋内の安全な場所に移動することが有効な場合もあり、近年では状況によっては無理に屋外に避難しないで屋内避難をすることが勧められることもあるが、ここでの問題は、自宅から避難場所に移動するまでにある程度の時間的余裕があり、避難路の安全も確保されているような場合のことである。自宅にいて、いざとなったら２階に避難しようと考えていたところ、あまりにも早く浸水が進んで２階に移動する前に１階が水没してしまうようなこともある。高齢者の独居世帯が多くなっている昨今、このことは留意しなければならないことであろう。

３．６．理解困難・誤解

警報等を発表しても、用いられている言葉などがわかりづらいなどの理由で、受け手側にその意図が正確に伝わらず、避難などに影響するケースもある。1994年の「北海道東方沖地震」では、北海道の太平洋沿岸（当時の津波予報区の２区）に津波警報が、オホーツク海沿岸（当時の１区）に津波注意報が発表された。当時の気象庁の津波予報区は、北海道太平洋沿岸は「渡島半島の南端白神岬から知床半島の知床岬まで」を指していた。そのため根室市は、市の全域が北海道太平洋沿岸となる。しかし、根室半島が市域の大部分を占める根室市では、住民だけでなく地元の自治体関係者の多くも、日頃から「根室半島の南側を太平洋側、北側をオホーツク海側」と認識していたため、根室市の防災関係機関は「根室市の南側に津波警報、北側に津波注意報」と解釈した。その結果、根室市の南側には早い段階で避難勧告を出したが、根室市の北側に避難勧告が出されたのはさらに時間が経ってからであり、根室市の北側沿岸の警戒が不十分な状況となった（津波は根室市北側の沿岸にも押し寄せて浸水被害も生じている）。このような、気象庁の地域区分と住民が認識している地域名との食い違いが対応に影響したのである（中森 1995）。

他にも「避難指示」と「避難勧告」の違い

がわからないという問題もあった。前述の「台風23号」の豊岡市における調査の結果を見ると、「避難勧告の方が避難指示よりも重大な事態だと思っていた」と回答した人が32.2%、「どちらも同じようなものだと思っていた」と回答した人が50.8%と意味を正しく受け止めていなかった人が多いという結果が出ている（廣井ほか 2005）。

3．7．予想外の現象の発生

例えば、大雨警報が発表されたとしても、これは、該当する地域に大雨による災害が発生する恐れがあるという情報ではあるが、実際にどのような被害が生じるかを直接示したものではない。河川が氾濫するのかとか、土砂災害が発生するのかなどといった、どのような被害が具体的に発生するかということは、それぞれの地域の特性に応じて情報の受け手側が判断する必要がある。そのため、大雨警報などを受けて避難などの対応を行っても、結果的に予想していたものとは違う被害が起こることもある。

1997年の鹿児島県出水市ならびに2003年の熊本県水俣市の土石流災害において、当初被災地で発災前に懸念していたことは大雨による洪水であった。しかし、実際に発生したのは土石流であった。これらの災害に関する被災地調査の結果を見ると、出水市針原地区の住民を対象とした東京大学の調査（1997年）では、「災害発生を懸念した」と回答した人に「どんな被害が生じると思いましたか」と尋ねた結果（複数回答）、「川が氾濫して洪水になるかもしれないと思った」が92.6%、「がけ崩れが起こるかもしれないと思った」が11.1%で「土石流が起こるかもしれない」と回答した人は0だった（中村ほか 1998）。また、水俣市宝川内・集地区の住民を対象と

した東京大学ほかによる調査の同様の質問の結果を見ると（複数回答）、「川が氾濫して洪水になるかもしれないと思った」が36.7%、「がけ崩れが起こるかもしれないと思った」が40.8%で「土石流が起こるかもしれない」とした人もやはり0であった（池谷ほか 2005）。

3．8．避難未達成状況での発災

避難を実行または避難実行の判断をしながら、あまりにも早く災害が発生したり危険な状況になったため、結果的に避難ができなかったり避難が成功しなかったというケースもある。前述の「東海水害」に関する調査で、避難をしなかった人にその理由を尋ねた結果を見ると（複数回答）、「避難をする方が帰って危険だと思ったから」と回答した人が名古屋市西区で42.2%、西枇杷島町が36.4%だった（廣井ほか 2003）。また、前述の「台風23号」に関する調査における同様の質問に対して、「突然水が襲ってきて避難する余裕がなかったから」が28.3%、「避難をする方が帰って危険だと思ったから」が37.7%という結果が見られた（廣井ほか 2005b）。また、前述の「北海道南西沖地震」では、震源に近い奥尻島などには早いところで地震発生から数分で大津波が来襲した。奥尻島では、地震の揺れが強かったことから、大津波警報が発表される前の段階で津波の危険を感じて速やかに避難を始めた住民が少なくなかった。しかし、津波の到達があまりにも早かったために安全な場所に到着する前に津波に襲われた人々が多く、人的被害も大きくなった（東京大学社会情報研究所 1994）。

３．９．災害時要援護者（災害弱者）への対応

　災害時に人々が避難をする場合、単独ではなく家族などと一緒に対応する人が内外ともに多い（三上　1982 ほか）。人口密度の低い地域では、場所によっては自治体が指定する避難所までに距離があり、高齢者が避難を完了するまでにある程度の時間的余裕が必要であるという課題もある。そのため、避難準備にある程度の余裕が必要な自力での避難が難しい災害時要援護者の住む世帯では、避難などへの判断に時間がかかることや避難自体が容易ではないという状況も出てくる。「避難をしなかった理由」として「子ども・高齢者・病気の人がいて避難するのが大変だから」を挙げた人は、前述の「東海水害」の調査では、名古屋市西区で 18.7％、西枇杷島町で 14.0％、「台風 23 号」の調査では、15.1％だった（廣井ほか　2003、廣井ほか　2005）。また、「東海水害」の調査で「避難に迷った理由」として「子ども・高齢者・病気の人がいて避難するのが大変だから」を挙げた人は、名古屋市西区で 26.2％、西枇杷島町で 21.7％という結果が出ている（廣井ほか　2003）。

３．１０．情報の詳細化による混乱と情報の大量化

　警報などの災害情報の効果を向上させるために、これまで様々な改善や工夫が検討されてきた。その対応の１つが情報の詳細化である。特に甚大な災害の後には、警報や避難に関する情報などの詳細化を求める意見がしばしば見受けられ、これまで、気象予報区、震度階級、津波予報区などの細分化が進められ、特に「警報慣れ」などを防ぐ効果が期待される。しかし、情報の詳細化がかえって人々に混乱を与えている点も指摘されている。

　前述した地方自治体が発表する避難にする情報は、近年、「避難指示」「避難勧告」「避難準備情報」「自主避難」などと区分が増えたと言える。このような避難に関する情報に区分が増えたことなど、必ずしも肯定的な評価ばかりではない。

　2005 年の「台風 14 号」で「避難勧告」の遅れが問題となった自治体があった。しかし、これに対して、この自治体から、「避難に関する情報が複数あることで、かえって住民の判断が難しくなるのではないか。住民が知りたいのは『避難すべきか否か』であり、『避難勧告』『避難指示』にこだわらず簡潔に『避難してください』という呼びかけの方が住民にはわかりやすいとも考えられる。当日、事態を軽視していたわけではなく『避難勧告』は出さなかったが早い段階で自主避難の呼びかけを行っていた。『避難勧告』を出さなかったことだけをとらえて批判することには疑問がある」という見解もあった[3]。このようなことを踏まえて、東京大学・国土交通省が主体となった台風 14 号の被災地の住民を対象とした調査（2005 年）で設けられた避難に関する情報についての質問の結果を見ると、「種類が多すぎるので『避難してください』だけでよいと思う」と回答した人が最も多く 55.7％を占めていた。自治体側の対応や見解には様々な評価があると思われるが、被害を受けた住民も避難に関する情報の詳細化について必ずしも肯定的にはとらえていないことが、この結果からも窺える（中森　2007a）。

　また、災害情報の詳細化や伝達手段の複数化が進むと情報が大量化する。特に地域の災害対策を担う市区町村の役場や防災関連機関では、処理能力を上回る大量の情報が伝わり、その優先順位もわからなくなるようなことが生じるようになった。近年の「情報の大量化」が、災害時の望ましい対応を妨げてしまう事

例が近年みられるようになってきた。先述した 2003 年の熊本県水俣市の土石流災害がその事例の 1 つである。災害の発生は深夜だった。当初は水俣市役所には職員がいなかったが、大雨警報の発表や呼び出し等により担当の職員が市役所に登庁しはじめた。しかし、次々と届くファックス等により情報が膨大になって内容の確認が難しくなり対応に支障が生じたのである（池谷ほか　2005）。

3．11．職務・仕事による避難の遅れ

2011 年の「東日本大震災」における甚大な被害を踏まえ、各方面で検証や調査が行われたが、その中で、避難が遅くなったり避難ができなかったりする理由として注目されたのが、「職務・仕事による避難の遅れ」である。

この震災は、平日（金曜日）の午後という多くの人々が活動している時間帯に発生したこともあり、役場、消防、警察、病院、福祉施設等の公的機関の業務に携わった人だけでなく、民間の企業や店舗で仕事をしていた人や消防団・町内会などで活動していた人なども、その職務や任務等を遂行する中で多くが犠牲になっている[4]。日本大学文理学部中森研究室、同法学部福田研究室、東洋大学社会学部中村研究室が共同で行った被災地の住民を対象とした調査（2011 年）においても、「仕事をしていたため」「職場が老人ホームでおいて動けない」「看護師のため患者の誘導で間に合わなかった」「消防のため呼びかけに回っていた」「近所に声かけしていたため避難ができなかった」といった回答があった[5]。

情報を早く伝え避難を促しても、そして、それらの情報を受け取っていても、職務や何らかの責任を担っている人々は速やかな避難ができないことがある。このような人々の安全を守る対策も不可欠なことである。

4．おわりに

災害時の「パニック」は、実際は起こった事例が少ないと述べたが、前述のとおり「パニックが絶対に起きない」という意味ではなく、条件が充たされた場合は、今後も起こる可能性がある。そのため、「パニック」を防ぐ対策としては、「パニックの発生条件を全て充たさないための準備や工夫」が求められるだろう。次に、ここで挙げた人々が望ましくない対応をとる特性は、1 つの災害で 1 つの特性が見られるのではなく、複数の特性が同時に見られることを考えて対策を講じなければならないだろう。

注

1 本稿の中で、「2.パニック」は、中森（1994）と中森（2008b）などをもとに、「3.災害情報と避難－望ましくない対応をする理由とその特性－」は、中森（2007a）を踏まえて、2014年10月の日本自治体危機管理学会で報告した「災害情報の受容とその特性－人々が望ましい対応をしない要因－」の予稿ならびに2015年刊行予定の松野弘編『現代社会論（仮）』（ミネルヴァ書房）の第12章「災害と避難の社会学」の原稿をもとに加筆修正したものである。

2 調査のタイトルは「若者・青年の災害に関する意識調査」で、東京23区ならびに政令指定都市（その周辺地域を含む）の中の12地域に住む18歳から35歳の男女を対象とした調査。2014年11月下旬から12月中旬に実施。方法はWEB調査（モニターからスクリーニングした上で配信）。有効回答数は1196。調査主体は日本大学文理学部社会学科・中森広道研究室。

3 2005年11月のヒアリングより（中森　2007a）。

4 総務省消防庁が2011年11にもとめた資料によれば、消防団員の死者・行方不明者は254人（岩手、宮城、福島の3県）、同年6月の厚生労働省のまとめでは、老人福祉施設での職員の死者・行方不明者は173人であった（中村ほか　2012）。

5 2011年11月・12月に、岩手県陸前高田市、宮城県本吉郡南三陸町、同県仙台市、同県名取市、同県亘理郡山元町の5市町（仙台市と名取市は2市で1地域とした）の仮設住宅等（借り上げ住宅を含む）に住む20歳以上の男女を対象に面接法によって実施した調査票による調査。有効回答数は642。

【引用文献】

安倍北夫　1974『パニックの心理　群衆の恐怖と狂気』講談社。

アメリカ科学アカデミー編（井坂清訳）　1976『地震予知と公共政策』講談社。

東日本大震災第三者検証委員会　2014『東日本大震災第三者検証委員会報告書－宮城
　　県名取市閖上地区の検証－』。

廣井脩　1987『災害報道と社会心理』　中央経済社。

廣井脩　1988『うわさと誤報の社会心理』　日本放送出版協会。

廣井脩・中森広道　1993「不特定多数収容施設における地震時の人間行動－地震パ
　　ニックは起こったか（1978 年宮城県沖地震の場合）－」『災害時の避難・予警報システ
　　ムの向上に関する研究』（平成 3・4 年度文部省化学研究重点領域研究「自然災害の予
　　測と防災力」研究成果）、pp.310-332。

廣井脩　1996「阪神・淡路大震災と住民の行動」『1995 年阪神・淡路大震災調査報告
　　－1』東京大学社会情報研究所、pp.35-56。

廣井脩ほか　2003「2000 年東海豪雨災害における災害情報の伝達と住民の対応」『東
　　京大学社会情報研究所調査研究紀要』第 19 号、東京大学社会情報研究所。

廣井脩・田中淳・中村功・中森広道・福田充・関谷直也　2005「2004 年台風 23 号に
　　よる水害と情報伝達の問題」『災害時における携帯メディアの問題点』NTT ドコモモ
　　バイル社会研究所、pp.43-98。

池谷浩・国友優・関谷直也・中村功・中森広道・宇田川真之・廣井脩　2005「2003 年
　　7 月水俣市土石流災害における災害情報の伝達と住民の対応」『東京大学大学院情報
　　学環情報学研究調査研究編』第 22 号　東京大学社会情報研究所、pp.117-239。

気象庁 2011『災害時地震・津波速報 平成 23 年（2011 年）東北地方太平洋沖地震(災
　　害時自然現象報告書 2011 年第 1 号)』。

釘原直樹　1995『パニック実験－危機自体の社会心理学－』ナカニシヤ出版

松澤勲監修 1988『自然災害科学事典』築地書館。

三上俊治　1988「自然災害とパニック」安倍北夫・岡部慶三・三隅二不二編『自然災
　　害の行動科学』福村出版、pp.40-59。

中村功・中森広道・森康俊・廣井脩　1998「平成 9 年鹿児島県出水市針原川土石流災
　　害における住民の対応と災害情報の伝達」『東京大学社会情報研究所調査研究紀要』
　　No.11 東京大学社会情報研究所、pp.153-192。

中村功・中森広道・福田充　2012「東日本大震災時の災害情報の伝達と住民の行動　陸
　　前高田市・南三陸町・仙台市・名取市・山元町住民調査をもとにして」『災害調査研
　　究レポート』16、災害情報研究会、pp.1-126。

中森広道　1994「『地震パニック』の再考－不特定多数収容施設における人々の行動か
　　らの検証－」『ソシオロジクス』第 16 号、日本大学大学院社会学研究会、pp.42-61。

中森広道　1996「『北海道東方沖地震』から 1 年－災害情報問題の再考－」『近代消防』

1996 年 1 月号、近代消防社、pp.64-69。

中森広道　2007「災害情報の受容とその特性－対応の問題点とその類型化の試み－」『社会学論叢』158 号　日本大学社会学会、pp.39-60。

中森広道　2007「不特定多数の収容施設・集客施設での利用と課題」目黒公郎・藤縄幸雄編『緊急地震速報－揺れる前にできること－』東京法令出版、188-202。

中森広道　2008「『ちびまる子ちゃん』と七夕豪雨－500 ミリの雨」田中淳・吉井博明編『災害情報論入門』　弘文堂、p.256。

中森広道　2008「災害情報論の系譜－『情報パニック』と災害情報研究の展開」田中淳・吉井博明編『災害情報論入門』　弘文堂、pp.30-38。

中森広道　2012「津波警報の展開と『東日本大震災』」『社会学論叢』175 号、日本大学社会学会、pp.53-84。

東京大学新聞研究所「災害と情報」研究班　1982『1982 年浦河沖地震と住民の対応』東京大学新聞研究所。

東京大学新聞研究所「災害と情報」研究班　1984『1982 年 7 月長崎水害における住民の対応』東京大学新聞研究所。

東京大学新聞研究所「災害と情報」研究班　1985『1983 年 5 月日本海中部地震における災害情報の伝達と住民の対応』東京大学新聞研究所。

東京大学社会情報研究所「災害と情報」研究会　1994『1993 年北海道南西沖地震における住民の対応と災害情報の伝達-巨大津波と避難行動－』東京大学社会情報研究所。

4 防災政策における自治体間の「格差」と「連携」に関する考察

――――― 明治大学　専任講師　西村　弥

1．はじめに

　本稿のねらいは三つある。一つは、日本の自治体の「多様性」を示すことである。災害対応関係の法令は基礎自治体に最前線での災害対応を担わせるかたちで制度化・標準化されている。しかしそれとは正反対に、災害対応の主体となる基礎自治体自体はきわめて多様であり、様々な点で「標準化」とは程遠い状況にある。まずそのことについての事実認識を深めたい。二つ目のねらいは、日本の自治体の「多様性」を踏まえたうえで、大規模災害が発生した時に防災上どのような課題が生じうるのか検討を進めることである。「想定外」を避けるため、近年、様々な災害の予測や想定がなされるようになってきているが、日本の防災のしくみはそれらの成果に、まだ追いついていないようである。そして最後のねらいは、それらの課題をいかに解消していくか、自治体間の「連携」をキーワードに考察を進めることである。自治体が多様であるということは「格差」が存在するということでもある。その格差を埋めるためには、自治体が相互に連携し、支援し合う体制をいかに構築できるかにかかっている。

　以上の目的を達するため、本稿ではまず、現在の日本における防災・危機管理体制について概観し、自治体に託されている役割を再確認する（第2節）。続いて、基礎自治体間の「多様性」について様々な角度から検証を行い、大規模災害時や複合災害発生時において生じてくる防災上の課題を考察する（第3節）。さらにそうした課題にいかに対処すべきか、共同で災害に対処することを目指す近隣自治体間での連携と、遠隔地の自治体等からの支援を受け入れる形の連携という、二つの連携の在り方を検討する（第4節）。

2．災害対策基本法と防災体制

2．1．国の防災・危機管理体制
オールハザードへの対応を想定

　日本において災害対応の基本を定めているのが、1961年に制定された災害対策基本法である。同法は防災に関する組織や防災計画、災害応急対策、災害復旧、財政金融措置、災害緊急事態等について、国と地方、双方の体制を定めている。対象となる災害は、「暴風、豪雨、豪雪、洪水、高潮、地震、津波、噴火その他の異常な自然現象又は大規模な火事若しくは爆発その他その及ぼす被害の程度においてこれらに類する政令で定める原因により生ずる被害」（同法第2条）としている。さらに「政令で定める原因により生ずる災害」とは、「放射性物質の大量の放出、多数の者の遭難を伴う船舶の沈没その他の大規模な事故」（災害対策基本法施行令第1条）のことである。このように災害対策基本法は「オールハザード」に対応することを想定した法律である。

中央防災会議と防災基本計画

　災害対策基本法では、平時における国の防災担当機関として「中央防災会議」の設置を定めている。同会議は会長を首相が務め、防災担当大臣をはじめとするすべての閣僚と、指定公共機関（後述）の代表者4名、学識経験者4名で構成される。内閣府に設置されており、事務局は内閣府の政策統括官（防災担当）が務める。主な所掌事務は、防災基本計画の策定、首相の諮問に応じた重要事項の調査審議、非常時における緊急措置の大綱の策定、災害緊急事態の布告などである。とくに防災基本計画は、わが国の「防災に関する総合的かつ長期的な計画」であり、毎年検討を加え、必要があると認めるときは修正しなければならないこととされている

（同法第34、35条）。各省が定める防災業務計画や他の法令に基づき策定する国土形成計画等の計画、さらに都道府県や市町村の地域防災計画等は、すべてこの防災基本計画の内容に抵触しないように策定しなければならない。防災基本計画を最上位の計画として位置付けることで、防災対策が各府省間、国・地方間で矛盾することを防止しているのである。

非常災害対策本部・緊急災害対策本部

また、災害対策基本法では、非常災害が発生し「災害に係る災害応急対策を推進するため特別の必要があると認めるとき」は、首相は、臨時に非常災害対策本部を内閣府に設置することができる（同法第24条）。また、「著しく異常かつ激甚な非常災害が発生した場合」、首相は閣議にかけて内閣府に臨時に緊急災害対策本部を設置することができる（すでに非常災害対策本部が設置されている場合、非常災害対策本部は廃止される）。非常災害対策本部は本部長が国務大臣であり、副本部長はじめ本部員が高位の官僚であるのに対し、緊急災害対策本部では本部長が内閣総理大臣であり、本部員は全国務大臣と高位の官僚である。ただし、「非常」と「緊急」いずれの対策本部の場合も、本部長の権限はどちらもきわめて強い。ただし緊急災害対策本部の場合、災害対応の総合調整を担当するとともに、とくに必要があると認めるとき本部長は指定行政機関と指定地方行政機関の長と職員、地方公共団体の長、その他の執行機関、さらに指定公共機関と指定地方公共機関に対して、必要な指示をすることができる[1]（同法第28条の6第2項））。

指定行政機関と指定公共機関

指定行政機関とは、国の官庁で首相が指定した機関であり、指定地方行政機関とは、指定行政機関の地方出先機関で首相が指定した機関のことである[2]。また、指定公共機関とは、独立行政法人や日銀などのほか、電気、ガス、輸送、通信その他の事業を営む企業で首相が指定した機関であり、その地方版が指定地方公共機関である[3]。つまり緊急災害対策本部長は、ほぼすべての官庁とその出先機関、知事や市区町村長のみならず、主要な企業に対してまで、直接指示を出す権限を保持している。

いわば平時は「合議制」で防災基本計画を策定し、災害発生後の非常時はトップにきわめて強い権限を与えた「独任制」のシステムを採用することで、「各省庁や自治体の対応がバラバラで一貫性と計画性を欠」くような事態を防止しようとしているのである。

２．２．自治体の防災・危機管理体制

地方防災会議と地域防災計画

災害対策基本法は、自治体の防災体制についても基本的な枠組みを定めている。政府の中央防災会議と同様、平時においては、都道府県と市町村それぞれに「防災会議」（総称して「地方防災会議」と呼ぶ）を設置することを求めている。同会議では首長が会長を務め、本部員には当該自治体の幹部のほか、警察、教育委員会、陸上自衛隊、指定地方公共機関の代表者等で構成されるのが一般的である（同法第15、16条）。地方防災会議は、防災基本計画にもとづき「地域防災計画」を策定する。地域防災計画には、災害応急対策や復旧の計画、それに必要な労務、施設、設備、物資、資金等の整備、備蓄、調達、配分、輸送、通信等に関する計画等が盛り込まれている。地域防災計画も防災基本計画と同様、毎年検討を加え、必要に応じて修正しなければならない。

災害対策本部

自治体においても、災害発生時、あるいはそのおそれがあるときは、「災害対策本部」が設置される。災害対策本部長は首長が務め、都道府

県警（知事のみ）や教育委員会に対して必要な指示をすることができる。そのほか、災害対策基本法は多様かつ強力な権限を基礎自治体の本部長（市町村長）に付与している。たとえば消防本部等への出動指示や警察への出動要請のほか、自衛隊の災害派遣要請を知事に求める権限、災害拡大防止のための物件除去の指示権、住民に対する避難の指示・勧告権、警戒区域の設定・立ち入り禁止・退去命令権、災害対応の応急措置をする際に私有財産を使用、収用できる応急公用負担をさせる権限、災害対応の現場にいる者を応急措置業務に従事させる権限などである。これらの「強権」は、災害対応の最前線に立つ市町村が、現場で立ち往生することがないよう付与されているとみるべきである。

3．防災・危機管理上の課題

3．1．自治体のもつ「多様性」
多様な人口規模

　前節でみたとおり、災害対応における国の役割は全体の総合調整であり、実際に災害の現場で対応するのは市町村とそれを補完する都道府県である。そこで留意しなければならないのは、日本の市町村はきわめて「多様」である、という点である。たとえば、最大の面積をもつ岐阜県高山市が2,177.67km²なのに対し、日本最小の富山県舟橋村は高山市の約628分の1の3.47km²である。あるいは人口が約371万人と日本最大の神奈川県横浜市に対し、最小の東京都青ヶ島村は190人であり、その開きは1万9,526倍にも達する。以上の例はやや極端な例かもしれないが、全国の市町村の人口規模を俯瞰すると、平成の大合併を経た2014年現在においても、人口3万人未満の市町村が日本全体の過半数（53.8％）を占めていることがわかる（図表1）。人口が10万人を超える自治体は市町村全体の2割（21.9％）に過ぎないのである。今後、きめ細やかな実効性をともなう災害対応を志向するのであれば、大規模自治体と小規模自治体それぞれの特性に応じた施策を講じていく必要があろう。

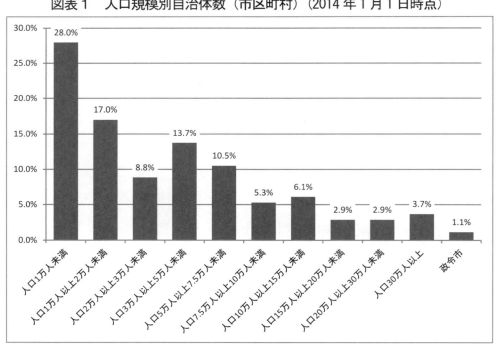

図表1　人口規模別自治体数（市区町村）（2014年1月1日時点）

出典）消費者庁（2014, 46）のデータに政令指定都市（政令市）を追加して作成

図表2　自治体規模別人口構成比の推移

（%）	14	15	16	17	18	19	20	21	22	23	24（年度）
政令指定都市	16.3	17.3	17.3	18.1	18.9	20.3	20.4	21.1	21.8	21.8	21.6
中核市	11.0	13.0	13.1	14.4	14.1	12.8	14.0	14.5	13.9	14.2	13.9
特例市	8.5	8.9	9.3	9.2	9.3	10.2	9.9	9.2	9.3	9.0	8.9
中都市	22.2	20.0	20.8	23.2	22.9	22.1	21.3	21.6	21.8	21.9	22.7
小都市	19.5	18.9	21.5	23.3	23.5	23.5	23.4	23.3	23.1	23.2	23.1
町村（1万人以上）	15.7	15.2	13.5	9.5	9.1	8.9	8.8	8.2	8.1	7.8	7.7
町村（1万人未満）	6.9	6.6	4.4	2.2	2.2	2.2	2.1	2.0	2.1	2.1	2.1

注：「中都市」は人口10万人以上の市、「小都市」は同10万人未満の市

出典）総務省（2014, 141）

自治体規模別の居住人口の構成

むろん大都市には人口が大規模に集住しているため、上述の人口規模に関する比率と自治体規模別の居住人口の比率は異なってくる。すなわち、日本の人口の半数弱（45.5%）に相当する市民が特例市（人口20万人以上を要件）、中核市（同30万人以上）、あるいは、70万人以上の人口を抱える政令指定都市に居住している（**図表2**）。他方で、日本の人口の約3割（32.9%）が、人口10万人未満の自治体に居住している点も見逃すべきではないであろう。過疎地域と過密地域、それぞれの課題を洗い出し、双方に対応可能な防災施策が求められているのである。

防災担当職員数

さらに留意しなければならないのは、自治体間における防災関係職員数の格差である。2014年度に一般財団法人日本防火・危機管理促進協会が実施した「地方自治体の災害時応援協定に関するアンケート調査」によれば、回答した全自治体のうち、防災・危機管理担当課の職員数が5名未満の自治体が4割超（43.2%）、10名未満の自治体が約8割（82.8%）を占めている[4]（**図表3**）。さらに興味深いのは、当該自治体の全職員数に関するグラフ（**図表4**）と比較すると、全職員数1,000人未満の自治体の占める割合もまた、全体の約8割（83.8%）におよんでいるという点である。つまりこのことは、ほとんどの自治体において全職員数の1割に満たない程度しか、防災・危機管理担当部署へ職員を割り当てることができていないことを示唆している。

少ない人数であっても防災・危機管理政策が何の問題もなく展開されているのであればよい。しかしながら、たとえばBCP（事業継続計画）の策定率ひとつをとっても、人口20万人以上を要件とする特例市以上の自治体とそれ以外の自治体との間には大きな開きが存在する（**図表5**）[5]。一人当たりの抱える業務量の多さから、新規計画（BCP）の策定に向けて動くことができないでいる中小規模の自治体が存在しているのである。

図表3　防災・危機管理担当部署の職員数（n=669）

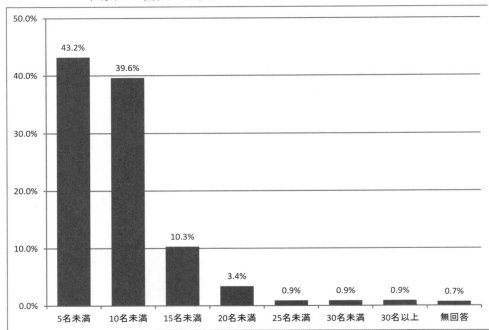

出典）（一財）日本防火・危機管理促進協会（2015）

図表4　全職員数（n=669）

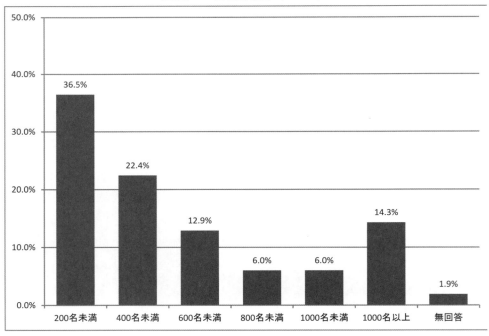

出典）（一財）日本防火・危機管理促進協会（2015）

図表5　BCPまたはその他の計画等における被災時に継続する業務の優先順位の設定状況

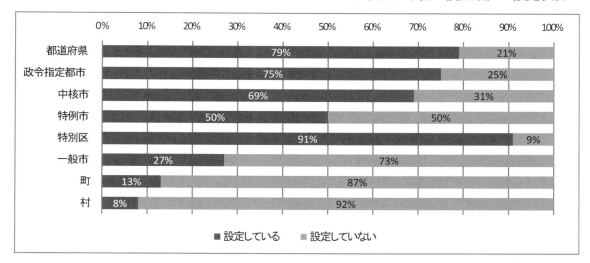

出典）総務省消防庁（2013）をもとに図を作成。

人口千人あたりの防災担当職員

他方で大規模自治体においてはBCPの策定率は高いものの、住民あたりの職員数の点では、政令指定都市等の大都市の方が小規模自治体よりも明らかに劣っている。総務省自治行政局公務員部給与能率推進室（2014,32-36）によれば、政令指定都市では防災担当の職員が人口千人当たり0.20人なのに対し、人口5万人以上10万人未満の一般市では同0.69～0.74人、人口5万人未満の一般市では同0.68～1.08人、町村では0.85～3.83人となる[6]。人口規模が小さくなるにつれて住民千人に対する防災担当職員の数が飛躍的に増加している傾向が読み取れるであろう。

われわれが被災した時、罹災証明や災害弔慰金、災害援護資金を受け取りに行く先は市町村である。あるいは、災害発生時に消防本部、消防団、水防団への出動指示や警察、海上保安庁への出動を要請するのも基本的に市町村の役割である。そうした役割が標準化されているにもかかわらず、各市町村が抱える人口や職員数、当該自治体の総面積等の要素は標準化されていない、という当然の事実を念頭に置いておかねばならない。

3．2．巨大災害にいかに対応するか

南海トラフ巨大地震

以上のような自治体の「多様性」を踏まえたうえで、今後想定される災害を考える必要がある。現在想定されている災害の中で、もっとも深刻なものは南海トラフ巨大地震であろう。内閣府（2012、2013）は南海トラフで東日本大震災と同じマグニチュード9クラスの地震が起きた場合、巨大地震で日本人の53%が震度6弱以上の揺れ、あるいは30センチ以上の浸水に襲われるという想定を公表している。このとき死者は約32万人、経済被害は220兆円に達するとされる。避難者は最大950万人にのぼり、半数程度しか避難施設に入れないとも想定している。

多様な自治体をいかに連携させるか

いかに被害が広域にわたっているか、そしていかに多数の自治体に対策が求められるかは**図表6**からも明らかであろう。これら「南海トラ

図表6 南海トラフ地震防災対策推進地域

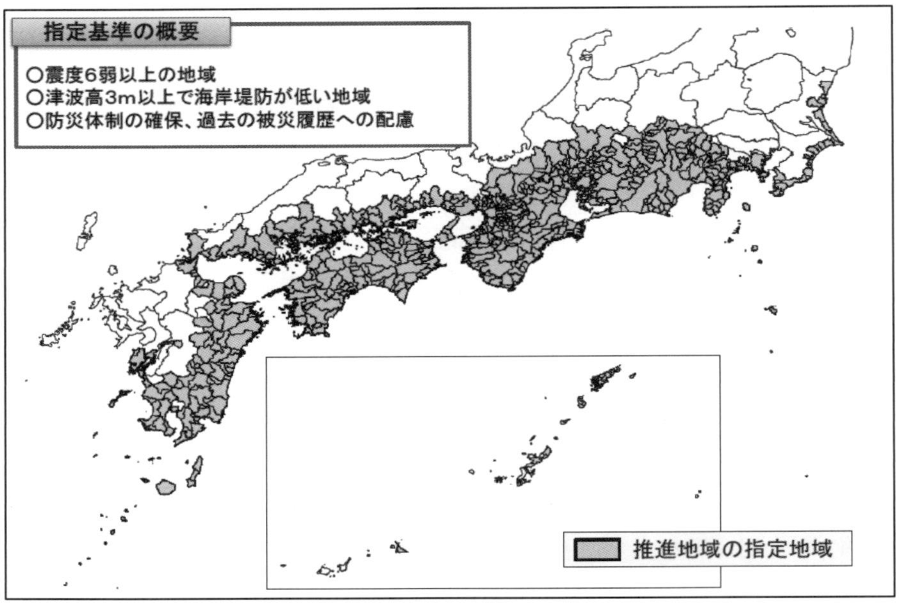

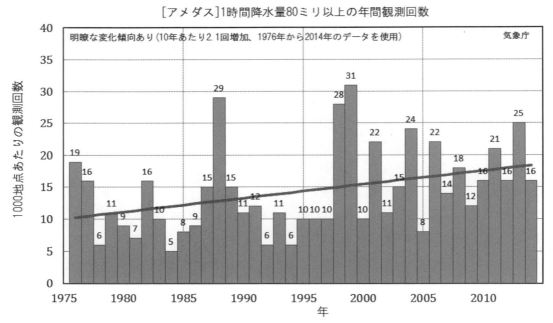

出典）内閣府HP「南海トラフ地震に係る地域指定」

図表7 集中豪雨の増加傾向

出典）気象庁HP「アメダスで見た短時間強雨発生回数の長期変化について」

フ地震防災対策推進地域」に指定されている自治体には、前述の通り、人口百万人を超える政令指定都市から人口わずか数千人の町村まで含まれている。図を見る限り、本件への対応については被災自治体間における広域的な連携とともに、遠隔地にある自治体からの支援が必要に

なることは想像に難くない。つまり、隣接する自治体間の連携と遠隔地にある自治体との連携をどのように調整し、バランスさせるかが課題となる。

猛烈な集中豪雨の増加

大規模な震災に加え、近年課題となっているのは、集中的な豪雨である。気象庁は1年間に降水量が1時間あたり80ミリ以上を観測した回数について経年的な比較を行っている（**図表7**）。気象庁による「雨の強さと降り方」によれば、いわゆる「どしゃ降り」が1時間雨量20〜30ミリである。同50〜80ミリ未満で「滝のように降る」イメージ、同80ミリ以上では「息苦しくなるような圧迫感がある。恐怖を感ずる」ほどの猛烈な雨になるとしている[7]。そうした雨による大規模な災害の発生するおそれが強く、厳重な警戒が必要な豪雨について、気象庁は明確な変化傾向が認められるとしている。

そうした異常な降雨であることから、年間の発生件数自体は決して多いものではない。しかし、たとえば東京都は長らく、1時間あたり50ミリ規模の降雨に対応しうることを目標に護岸等の防災設備を整備してきた。つまり上記のような異常な降雨が発生した場合、東京都内が河川氾濫による水害に見舞われる蓋然性はかつてより高くなってきているのである。そしてようやく2014年6月に改訂された「東京都豪雨対策基本方針」において、「現在から概ね30年後の達成を目標に、区部では時間75ミリ、多摩部では時間65ミリの降雨に対し、浸水被害の防止を目指す」（傍点筆者）としたのである。

大規模水害時における連携の必要

上流から海までつながっている河川において、一か所（一部分）だけ防災設備を時間雨量75ミリ対応に改修してもおそらく水害を防止することは不可能であろう。上流から下流まですべて75ミリ対応の設備に更新していく必要があ

る。じつは自治体の対応も同様である。水害は市区町村の行政区画に合わせて発生してくれるわけではない。上流から下流までの自治体間で、あるいは対岸の自治体同士で密接に連携しながら、事前の対応計画や事後の災害対応を進めていくべきであることは明白であろう。しかし、土屋（2014）などの指摘によれば、これまでそうした自治体間の連携は模索されてこなかったようである。

3. 3. 複合災害にいかに対応するか

複合災害と政府のタテワリ

防災・危機管理上の課題を考えるうえで、もう一つ留意しなければならないのは、災害対応の基本ルールは災害対策基本法で規定されている反面、具体的な対策について定めている法律は災害の種類ごとに異なっているという点である。主な災害関連の法令をみても、その所管は内閣府や総務省、財務省、文科省、経産省、国交省など多数の官庁にわたっている（**図表8**）。行政施策の内容が高度化、専門化するにともない、それぞれの業務が適切な専門性をもつ官庁に分担して管理されるのは当然である。しかし他方で、危機管理政策、防災政策全般として整合性のある体系的な対応が放棄されてよいというわけではないであろう。時間的な猶予が無い発災後の対応では、情報の不足や未確認情報の錯綜といった事態が生じるが、府省間のタテワリが指揮命令系統の混乱に拍車をかけるおそれはないのであろうか[8]。

とくに深刻な事態が懸念されるのは、複数の大規模災害が同時に発生する「複合災害」のときである。東日本大震災のときに設置された政府の緊急災害対策本部は、大規模な地震に加えて「千年に一度」の大津波、そしてさらに福島第一原子力発電所での原子力事故が連鎖的に発生したことによって同時並行的に三つの災害へ

図表8　主な災害関連法と所管

災害等	法律	所管
水害等	砂防法	国土交通省
	水防法	国土交通省
	河川法	国土交通省
	特定都市河川浸水被害対策法	国土交通省
豪雪	豪雪地帯対策特別措置法	国土交通省、総務省、農林水産省
火災等	消防法	消防庁
地震	大規模地震対策特別措置法	内閣府、消防庁
	地震防災対策特別措置法	内閣府、文部科学省
	地震保険に関する法律	財務省
火山	活動火山対策特別措置法	内閣府、農林水産省
その他	海洋汚染等及び海上災害の防止に関する法律	海上保安庁、環境省
	石油コンビナート等災害防止法	消防庁、経済産業省
	原子力災害対策特別措置法	内閣府
被災者支援	災害救助法	厚生労働省

出典）筆者作成

の対応を迫られることになった。しかしながら、本部内での連携が十分になされていたとは言えないことは別稿において指摘したとおりである（西村2012）。

自治体における「防災計画のタテワリ」

　同様の問題は、自治体にもあてはまる。複合災害は津波による原発事故に限られるわけではない。たとえば地盤沈下が進行したため、河川の水面もしくは海水面よりも標高が下回っているゼロメートル地帯においては、大規模地震によって水門や閘門、排水ポンプが破壊されるだけで、雨が降っていなくても水害に見舞われる可能性がある（土屋2014）。しかし、地域防災計画は、「地震編」「水害編」というように災害の種類ごとに策定されており、それぞれが数百ページにおよぶ分量であることが通例である。はたして大震災と大規模水害が同時発生したとき、それぞれの防災計画・マニュアルを繰りつつ、庁内外との連携をはかりながら、体系的に対応することは可能なのであろうか。現行の制度においては、大規模な複合災害について事実上想定していない。それゆえ、いざ複合災害が

発生したときには、自治体間の連携はおろか、自治体内部での対応、調整にも困難が生じる可能性を無視することができないのである。

4．災害対応における二つの連携

4．1．対応のポイント

　以上のように、自治体の「多様性」や巨大災害、さらには複合災害など、いくつかの観点から検討するだけで、自治体の防災・危機管理体制には、きわめて多くの課題が存在することを指摘できる。それらの課題全てについて有効な対策を本稿で示すのは、筆者の能力をはるかに超える試みであるので、以下では自治体間の連携について二つのポイントを示すにとどめたい。第一に、「広域にわたる連携を前提とした交流、準備を自治体間で進めておくこと」である。これは主に、相対的に近隣の自治体間の連携（言い換えれば同じ災害に直面している自治体間の連携）を念頭においた対応のポイントである。そして第二のポイントは、被災自治体と遠隔地

の自治体との連携に関係する。すなわち、「すべての災害対応業務を被災自治体（もしくは政府）がコントロールするのではなく、中核的業務以外の部分については支援自治体、支援団体に委任する（まかせる）しくみを整えておくこと」である。以下では、それぞれについて考察を進める。

4．2．近隣自治体間の連携
「自治」と防災の「地理的範囲」

　大地震や大規模な水害等、広域にわたって大規模な災害が発生した時、あるいは発生することが予見される時、災害対応にあたる自治体間において何らかの連携が求められることは直感的に理解できるであろう。災害は行政区画にあわせて発生するわけではないからである。他方で、地方自治の原則である住民自治、団体自治の観点からみると、その地域が災害にどのように立ち向かうか、つまり事前準備の段階で予算や人員といった行政資源をどの程度まで投入するかといった判断については、住民の防災意識を喚起するうえでも、その地域の住民が主体となって考えることが望ましい。また、火山学会の調査結果を見る限り、災害発生直後の時点でいかに命を守るかという点からも、まず自助・共助を強化することが重要なようである（図表9）。そうした自助・共助をサポートするところに公助の役割があるとすれば、やはり住民からもっとも近い行政主体である市町村が防災・危機管理行政を担うことに一定の合理性があるといえる。

　他方で、災害対応の主体が各市町村であるということと、大規模災害の発生前後に、それらの行政主体が連携することとは矛盾しないはずである。むしろ被害が広域にわたるような大規模災害については、事前の段階から、近隣自治体が連携するためのしくみを構築しておくことが望ましい。少なくとも地域防災計画やそのマニュアルの類については、近隣自治体間で相互に参照し、調整を図っておくべきである。というのも、過去に実施した地域防災計画の調査において、水害発生時、自治体Aは隣の自治体Bへ避難を誘導するよう定めていたが、自治体Bの側でも自治体Aへの避難誘導を定めていたという事例が存在したからである。しかもその地域を流れる大規模河川が氾濫した場合、自治体A・Bともに大規模に浸水することが想定されていた。もし計画通りに避難誘導を実施したと

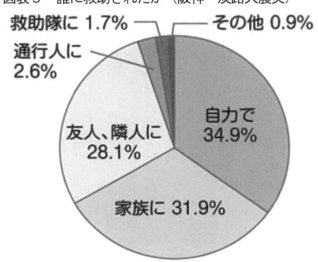

図表9　誰に救助されたか（阪神・淡路大震災）

- 救助隊に 1.7%
- その他 0.9%
- 通行人に 2.6%
- 友人、隣人に 28.1%
- 自力で 34.9%
- 家族に 31.9%

出典）日本火災学会（1995）「兵庫県南部地震における火災に関する調査報告書」

すると、自治体の境界付近で両自治体の住民が衝突するという悪夢のような事態が生じる可能性があったのである。この事例はもっとも基本となる部分においてすら、自治体間の調整がなされていなかったことを示している。

計画のすり合わせから指揮命令の一元化まで

　まずは、こうした事態を少しでも改善するところから着手していく必要がある。とくに水害については、地形や過去の大規模氾濫のデータなどを丁寧に参照、分析することで、連携すべき自治体の範囲がおのずと明らかになるであろう。集中豪雨と関連して、近年では土砂災害が注目されているが、大規模河川が氾濫するリスクがなくなったわけではない。むしろ**図表7**でみたように確実に大規模水害のリスクが高まってきている以上、流域の自治体が地域防災計画をすりあわせるところから始め、情報の共有、対応の連携へと体制の深化を進めていくべきではなかろうか。とくに元来水害に弱い地域の自治体間や、発災後の被害が極端に巨大になる大都市圏の自治体間などにおいては、数十年に一度といった非常事態に直面した時には一時的に災害対応について指揮命令系統を一元化するしくみの構築まで最終的には視野に入れる必要があるように思われる。

　同様のとりくみを地震災害で行うのは相対的により大きな困難が伴うが、地震火災や大規模な津波災害については、すでにシミュレーションが示されている地域も多数存在する。そうした地域においては、隣接自治体間で地域防災計画等を相互参照し、建設的に協議、改善していくしくみを構築していく工夫が求められる。

４．３．遠隔地の自治体等との連携

災対本部におけるリエゾンの位置づけ

　被災した自治体への遠隔地からの支援は、前項でみた被災自治体間の連携とは異なり、これまでも国、自治体、企業や NPO、ボランティアなどによって盛んに行われてきた。しかし、一斉にボランティアが被災地に入ってきたために、適切な地域への派遣や適切な作業の振り分けを行うことができなかったり、物資が送られてきてもさばききれず、被災者への配布までに時間がかかってしまったりした事例がこれまでも報告されてきた。そうした民間からの支援に対する受援体制の確立も重要な課題ではあるが、現在の段階では、そうした民間からの支援に加え、国や他の自治体からの支援についても適切な受援のしくみが構築されているとはいえないようである。

　多くの場合、被災自治体には、まず支援自治体から連絡要員となる職員（リエゾン）が派遣され、被災自治体のニーズを把握したうえで、支援自治体に支援内容を連絡することになる。このとき、どのような支援を受けたいか決定するまでに時間がかからないようにするしくみ、あるいは、支援してほしい内容を迅速にリエゾンに伝えるためのしくみを整えておくべきであるが、ほとんどの自治体において、そうしたしくみは制度化されていないようである。災対本部におけるリエゾンの位置づけや配置を予め検討し、確立しておくべきなのである。

受けられる支援について事前のリスト化を

　また、迅速に支援を受けるためには、支援の必要が生じたとき被災自治体の側からすみやかに支援を申し出るべきである。しかし、そもそもいかなる支援を受けることができるのかについて被災自治体自身が認識できていなければ、支援の申し出をタイムリーに行うことは困難であろう。そのためには、国や自治体、あるいは民間団体等からどのような支援がどのようなときに提供されるのか、予めリスト化し庁内で共有しておく（さらには、BCP 等のマニュアルに組み込んでおく）ことが求められる。

たとえば医療支援の分野では DMAT（Disaster Medical Assistance Team：災害派遣医療チーム）が有名であり、出動の度に制度も改善、高度化されつつある。しかしこの DMAT 以外にすでに JMAT（Japan Medical Association Team：日本医師会災害医療チーム）が存在するほか、DHEAT（Disaster Health Emergency Assistance Team：健康危機管理支援チーム）の結成が検討されつつある。これらはいずれも医療分野における支援のしくみであるが、それぞれ守備範囲や運営主体が異なる。

DMAT は、大規模災害や大規模事故などにおいて、急性期（おおむね 48 時間以内）に活動できる機動性を持った、専門的な訓練を受けた医療チームである。都道府県と医療機関等との間で締結された協定にもとづいており、被災都道府県からの要請に基づき（緊急時は厚生労働大臣の要請に基づき）、各都道府県からチームが派遣される。これに対して JMAT は東日本大震災の以前から、日本医師会において設置に向けた検討と制度設計が行われていたが、震災の発災を受け、急きょ設置が決定された経緯がある。DMAT は発災直後の救急医療を受け持つが、JMAT は DMAT の後に被災地へ入り、依然高い水準にある災害急性期の医療を DMAT から引き継ぐことを主たる役割としている。主な構成員は民間立中小病院の勤務医師・看護職員等や診療所を開業する医師会員である。そして DHEAT は、さらに長期にわたって被災者の健康維持、健康管理、公衆衛生といった機能を担うことを企図している。とくに被災自治体の災害対策本部の下で、通常保健所が担う業務を支援・強化しようとするところに特徴がある（金谷（2014）、坂元（2014）、高野（2014））。

医療支援だけでも上記のようなしくみが組まれている（もしくは組まれようとしている）。同様に、医療の分野以外でも様々な分野で機能別の支援の枠組みが構築されつつある。たとえばインフラ関連では国土交通省が、全国の地方整備局の職員を派遣する TEC-FORCE（災害緊急派遣部隊）というしくみを運用している。同省内において 6,609 名があらかじめ要員として任命されており、大規模災害が発生するとインフラ等の被害状況の把握や緊急排水、復旧工法の検討などの支援を被災自治体に対して行ってきている（藤兼 2014）。

中核的業務こそが被災自治体のすべき業務

支援のしくみが整備されていくにつれて、どの程度の被害の時に、いかなる分野において、どのような支援を要請できるのか、すべての自治体等があらかじめ正確に把握しておく必要性が高まっている。それは同時に、中核的業務以外の部分について支援自治体、支援団体に委任する（まかせる）しくみを整えておかなければならないということでもある。災害の規模が大きくなればなるほど、すべての災害対応業務を被災自治体（もしくは政府）が完全にコントロールすることは困難になる。であればこそ、どのような支援を要請し、どの部分を外部支援にゆだねるかについて把握しておかなければならない。また、それらを正確に把握していなければ、いざというときに支援要請の声をあげることすらできないであろう。被災自治体が受け身の姿勢でいる限り、上述のような支援のしくみがその効果を最大限に発揮することは期待できない。東日本大震災の際には、被害の重さではなく、報道量の多かった被災自治体に外部からの支援が集中したことは周知のとおりである。

5．むすびにかえて

本稿では、最初に国と自治体の防災体制を概観したうえで、とくに基礎自治体を中心に、い

かなる防災上の課題を抱えているのか検討を行った。その結果、災害対応のしくみは法令によって標準化されているものの、自治体の面積や自然条件、人口規模、人口密度等は（当然ながら）標準化されていないということを念頭におかなければ、実態に基づいた災害対応等の立案は困難であることを指摘した。さらに、大規模な地震災害や大規模水害に対応するためには自治体間の連携が求められていること、複合災害の際には政府内（府省間）、自治体組織内での調整と連携が求められることなどに言及した。そのうえで、近隣の自治体とは、最低限、地域防災計画やマニュアル等を相互参照し、すりあわせをはかるべきであること等を指摘した。また、遠隔地の自治体等から支援を受けるにあたっては、災対本部におけるリエゾンの位置づけや配置を予め検討し、確立しておくべきこと、受け

られる支援の内容等について把握しておき、タイムリーに要請できる体制を整えておくべきであることなどについても指摘した。

これら本稿で行った提言については、日本の自治体がまさに「多様」であるがゆえに、すべての自治体に同じようにあてはまるわけではないであろう。しかし、日本の自治体の過半数が人口 3 万人未満の自治体であること、そして、約 8 割の自治体において防災担当職員が 10 人未満であることに鑑みる限り、これからも自治体間の連携のあり方についてさらに研究し、連携の有効性を高めていくことは不可欠である。同時に、被災した自治体が様々な業務を外部の支援にゆだねるとき、被災自治体自らが最後まで担わなければならない中核的な業務とは何か、さらに検討を進めていく必要がありそうである。

註

1 非常災害対策本部の場合、「指定地方行政機関の長、地方公共団体の長その他の執行機関並びに指定公共機関及び指定地方公共機関に対し、必要な指示をすることができる」（同法第 28 条 2 項）

2 「指定行政機関の指定」（2009 年 8 月 28 日内閣府告示第 344 号）によれば、指定行政機関には、内閣府、国家公安委員会、警察庁、金融庁、消費者庁、総務省、消防庁、法務省、外務省、財務省、文部科学省、文化庁、厚生労働省、農林水産省、経済産業省、資源エネルギー庁、原子力安全・保安院、中小企業庁、国土交通省、国土地理院、気象庁、海上保安庁、環境省、防衛省が指定されている。同様に、「指定地方行政機関の指定」（2007 年 10 月 1 日内閣府告示第 634 号）では、指定地方行政機関として、沖縄総合事務局、管区警察局、総合通信局、沖縄総合通信事務所、財務局、水戸原子力事務所、地方厚生局、都道府県労働局、地方農政局、北海道農政事務所、森林管理局、経済産業局、産業保安監督部、那覇産業保安監督事務所、地方整備局、北海道開発局、地方運輸局、地方航空局、管区気象台、沖縄気象台、管区海上保安本部、地方環境事務所、地方防衛局」が指定されている。

3 指定公共機関には、独立行政法人防災科学技術研究所や独立行政法人放射線医学総合研究所、独立行政法人日本原子力研究開発機構などの研究所のほか、日本銀行、日本赤十字社、日本放送協会、ＪＨ各社、成田、関空、中部の各国際空港、ＪＲ各社、郵便事業会社と郵便局、都市ガス各社、日通、電力会社各社と電源開発、日本原子力発電株式会社のほか、KDDIとＮＴＴドコモ、ＮＴＴコミュニケーションズなどが指定されている。

4 このアンケート調査は、筆者も委員として参加した「地方自治体の災害対応業務における官民の連携方策に関する調査研究」（委員長：福田充日本大学法学部教授、研究期間：2014 年 4 月〜2015 年 2 月末）の下で実施された。貴重な勉強の機会をいただいたことについて、あらためて記して深謝申し上げる。

5 詳細については、別稿（西村 2014）において既に指摘した。

6 総務省自治行政局公務員部給与能率推進室（2014）では、一般市、町村については、人口規模別だけでなく、産業構造別によっても区分しているため、本稿では「0.85〜3.83人」というような表記とした。

7 http://www.jma.go.jp/jma/kishou/know/yougo_hp/amehyo.html （2015 年 2 月 23 日閲覧）

8 タテ割りの弊害が大きく指摘されるようになったのは、伊勢湾台風（1959 年）によって、中部地方を中心に 5,098 名もの犠牲者が出たときである。当時、災害救助法や消防法、水防法など、いくつかの制度が整備されていたものの、「これらの防災関係法令は所管省庁ごとに個別的に制定されたことから、実際に災害が発生すると各省庁や自治体の対応がバラバラで一貫性と計画性を欠いていたため、災害対策の実施に齟齬をきたすことがあった」とされる（中央防災会議災害教訓の継承に関する専門調査会「1959 伊勢湾台風報告書」2008 年 3 月、pp.160-161。）。このほか、被害額の見積もり方法や処理費用の単価等も官庁ごとに基準が異なるなど、復旧活動においても、こうしたタテ割りは障害となった。

参考文献

金谷泰宏（2014）「大規模災害に向けた自治体職員に対する教育訓練の現状と課題」『自治体危機管理研究』第 14 号、日本自治体危機管理学会、pp.39-48

気象庁 HP「アメダスで見た短時間強雨発生回数の長期変化について」（http://www.jma.go.jp/jma/kishou/info/heavyraintrend.html）（2015 年 2 月 23 日閲覧）

坂元昇（2014）「災害と公衆衛生―自治体の立場から DHEAT の意義と制度化について―」『自治体危機管理研究』第 14 号、日本自治体危機管理学会、pp.15-22

消費者庁（2014）「平成 26 年度　地方消費者行政の現況調査（概要）」

総務省（2014）「平成 26 年版地方財政白書」

総務省自治行政局公務員部給与能率推進室（2014）「類似団体別職員数の状況（平成 25 年 4 月 1 日現在）」

総務省消防庁（2013）「地方公共団体における総合的な危機管理体制に関する調査（未定稿）」

高野健人（2014）「災害における公衆衛生的な活動を行う支援体制（DHEAT）の構築に関わる研究」『自治体危機管理研究』第 14 号、日本自治体危機管理学会、pp.15-22

東京都（2014）「東京都豪雨対策基本方針（改定）」

内閣府（2012）「南海トラフ巨大地震の被害想定について（第一次報告）」

内閣府（2013）「南海トラフ巨大地震の被害想定について（第二次報告）」

内閣府 HP「南海トラフ地震に係る地域指定」（http://www.bousai.go.jp/jishin/nankai/pdf/nankaitrough_chizu.pdf）（2015 年 2 月 22 日閲覧）

日本火災学会（1995）「兵庫県南部地震における火災に関する調査報告書」

（一財）日本防火・危機管理促進協会（2015）「地方自治体の災害時応援協定に関するアンケート調査」

土屋信行（2014）『首都水没』文春新書

西村弥（2012）「国と地方の危機管理―行政から見た行政の役割―」『政治・行政への信頼と危機管理』芦書房、pp.77-98

西村弥（2014）「自治体の業務継続計画（BCP）における『連携』の重要性」『応急対応と事前準備―危機管理政策の 2 つの局面における現状と課題―』pp.69-85

藤兼雅和（2014）「国土交通省の首都直下対策について」『自治体危機管理研究』第 14 号、日本自治体危機管理学会、pp.15-22

【執筆者紹介】

第1章

中邨　章　明治大学 名誉教授、日本自治体危機管理学会会長、Ph. D.

第2章

飯塚 智規　公益財団法人たばこ総合研究センター(TASC)研究員、博士(政治学)

第3章

中森 広道　日本大学文理学部　教授

第4章

西村　弥　明治大学 政治経済学部 専任講師、博士（政治学）

MEMO

危機管理レビューVol.6
地方自治体の危機管理 ―住民・議会・行政の観点から―

編集発行者	一般財団法人日本防火・危機管理促進協会
	〒105-0001　東京都港区虎ノ門2丁目9番16号　日本消防会館4階
	Tel　03－3593－2823
	Fax　03－3593－2832
	URL　http://www.boukakiki.or.jp/
印　　刷	株式会社アイネット
発　　行	2015年3月